Karel Heijnen / Manfred Fenzl

Das Ijsselmeer

Edition Maritim

Der Autor und der Verlag übernehmen für Irrtümer, Fehler oder Weglassungen keinerlei Gewährleistung oder Haftung.
Die Pläne dienen zur Orientierung und nicht zur Navigation; sie ersetzen also keineswegs Seekarten oder Seehandbücher.

Impressum

Die Deutsche Bibliothek – CIP Einheitsaufnahme
Heijnen, Karel:
Das Ijsselmeer / Karel Heijnen; Manfred Fenzl. [Aus d. Niederländ. von Manfred Fenzl]. – 3. Aufl. – Hamburg: Ed. Maritim, 1991
(Nautischer Reiseführer)
Einheitssacht.: Vaarwijzer voor het Ijsselmeer en de randmeeren <dt.> ISBN 3-89225-174-6
NE: Fenzl, Manfred

Schutzumschlag: Jan Buchholz und Reni Hinsch, Hamburg
Satz: Hess Fotosatz GmbH, Hamburg
Lithografie Karten: L. Baader, Hamburg
Lithografie Fotos: O.R.T., Hamburg
Fotos: Manfred Fenzl, Hamburg
Zeichnungen: Günther P. Piko, Hamburg
Druck: W. Kohlhammer, Stuttgart
Bindearbeiten: S. R. Büge, Celle

3. Aufl. / Printed in Germany 1991

Inhalt

Vorwort

Das Ijsselmeer ist wohl eines der schönsten und zugleich überschaubarsten Segelreviere in Europa. Ein Revier, das auf dem Wasser fast alles ermöglicht und auch an Land jedem etwas bietet.

Es gibt für den Wassersport eine ausgezeichnete Infrastruktur, und es gibt Konkurrenz: Unter den Häfen, den Städten und all den Betrieben, die vom Service für den Wassersport leben.

Im Vergleich zu den übrigen europäischen Ländern lebt und segelt man in den Niederlanden recht preiswert. Der Wechselkurs ist günstig, und die Hafengelder sind akzeptabel: Wir bezahlten 1991 pro Meter Schiffslänge meist 1–1,5 Gulden, in komfortablen Marinas bis zu 2,30 Gulden pro Tag, in den alten Gemeindehäfen – mit weniger Komfort, dafür nahe beim Stadtzentrum – etwa die Hälfte. Es gibt praktisch keine störende Industrie, und die Berufsschiffahrt spielt nicht mehr die erste Rolle: Man lebt vom Tourismus und vom Wassersport.

Auf Grund eingehender Recherchen vor Ort wurden in die vorliegende 3. Auflage dieses Buches zahlreiche Änderungen eingefügt, Hafenpläne und Zeichnungen korrigiert und Ergänzungen, darunter vier neue Yachthäfen, eingearbeitet. Es entspricht somit dem tatsächlichen Zustand des Ijsselmeeres vom Herbst 1991.

Dennoch ist Vorsicht geboten: Ständig wird irgend etwas gebaut, erneuert oder verbessert. Überraschungen sind somit nicht auszuschließen.

Wir wünschen Ihnen »Mast- und Schotbruch« und mit diesem Buch viele schöne Reisen auf dem Ijsselmeer.

Inge und Manfred Fenzl
Lemsteraak »URSUS«
Hamburg, im Oktober 1991

Einleitung

Die Zuiderzee, im Nordwesten der Niederlande, war eine riesige, zur Nordsee offene Meeresbucht mit mächtigen Tidenströmen, weiten, trockenfallenden Sänden und einem sagenhaften Fischreichtum.
Sie brachte den Menschen, die mit ihr lebten, Segen und Fluch zugleich.
Handel, Schiffbau, Schiffahrt und Fischerei brachten reiche Erträge, und die Städte an den Ufern der Zuiderzee blühten auf. Doch immer wieder vernichteten schwere Sturmfluten das mit Fleiß und harter Arbeit Erreichte.
Deshalb gab es schon vor mehr als 300 Jahren Pläne, die offene Zuiderzee durch einen Deich von der Nordsee abzuschließen und so die immer wiederkehrenden Sturmfluten zu verhindern.
Aber erst die verheerende Sturmflut im Jahre 1916 brachte das Parlament dazu, den von dem Ingenieur Cornelius Lely schon im Jahre 1881 entwickelten Plan zur »Abschließung

Hindeloopen – Brücke über der alten Schleuse, daneben die „Leugenbank“

und teilweisen Trockenlegung der Zuiderzee« durchzusetzen.
Nach dem Bau eines 40 ha großen Versuchspolders bei Andijk wurde 1919 das Wieringer Meer mit einer Fläche von 20.000 ha eingepoldert und trockengelegt.
Der Abschlußdeich, der die Zuiderzee endgültig von der Nordsee abtrennte und zum Binnenmeer werden ließ, war 1932 fertig. Zehn Jahre später war der Noordoostpolder mit 48.000 ha trockengelegt, 1957 der 54.000 ha große Polder Ost-Flevoland, und 1967 waren mit dem 43.000 ha großen Polder Süd-Flevoland insgesamt 165.040 ha Land eingepoldert.
Die Trockenlegung des Noordoostpolders führte aber zu einem erheblichen Absinken des Grundwasserspiegels in den dahinter und höher gelegenen Gebieten. Deshalb ließ man zwischen den Poldern von Flevoland und dem Festland einige Wasserflächen übrig: die »Randmeere«.
Im Zusammenhang mit dem Projekt »Markerwaard«, der geplanten Trockenlegung des südlichen Ijsselmeeres, wurde das mittlerweile zum Süßwasser-Binnensee gewordene Ijsselmeer durch den »Houtribdijk« (zwischen Enkhuizen und Lelystad) in das »nördliche« und das »südliche Ijsselmeer« geteilt. Die Einpolderung der »Markerwaard« würde dazu führen, daß auch vom südlichen Ijsselmeer nur schmale »Randmeere« übrigblieben.
Glücklicherweise ist dieses Projekt in absehbarer Zeit nicht finanzierbar und wird vom überwiegenden Teil der Bevölkerung abgelehnt, so daß das Ijsselmeer wohl so bleiben wird, wie es heute ist.

Hindeloopen – Blick von der alten Schleuse nach binnen

NORDSEE
WATTENMEER
DOKKUM
LEEUWAARDEN
HARLINGEN
Friesland
STAVOREN
LEMMER
IJSSELMEER
ENKHUIZEN
HOORN
Noord-Holland
URK
KAMPEN
LELY-STAD
MARKEN
AMSTERDAM
NAARDEN
A
B
C
D
E
N
EINPOLDERUNG DER ZUIDERZEE 1919-1967
A Wieringermeer-Polder
B Noordoostpolder
C Oost-Flevoland
D Zuid-Flevoland
E Markerwaard (Plan)

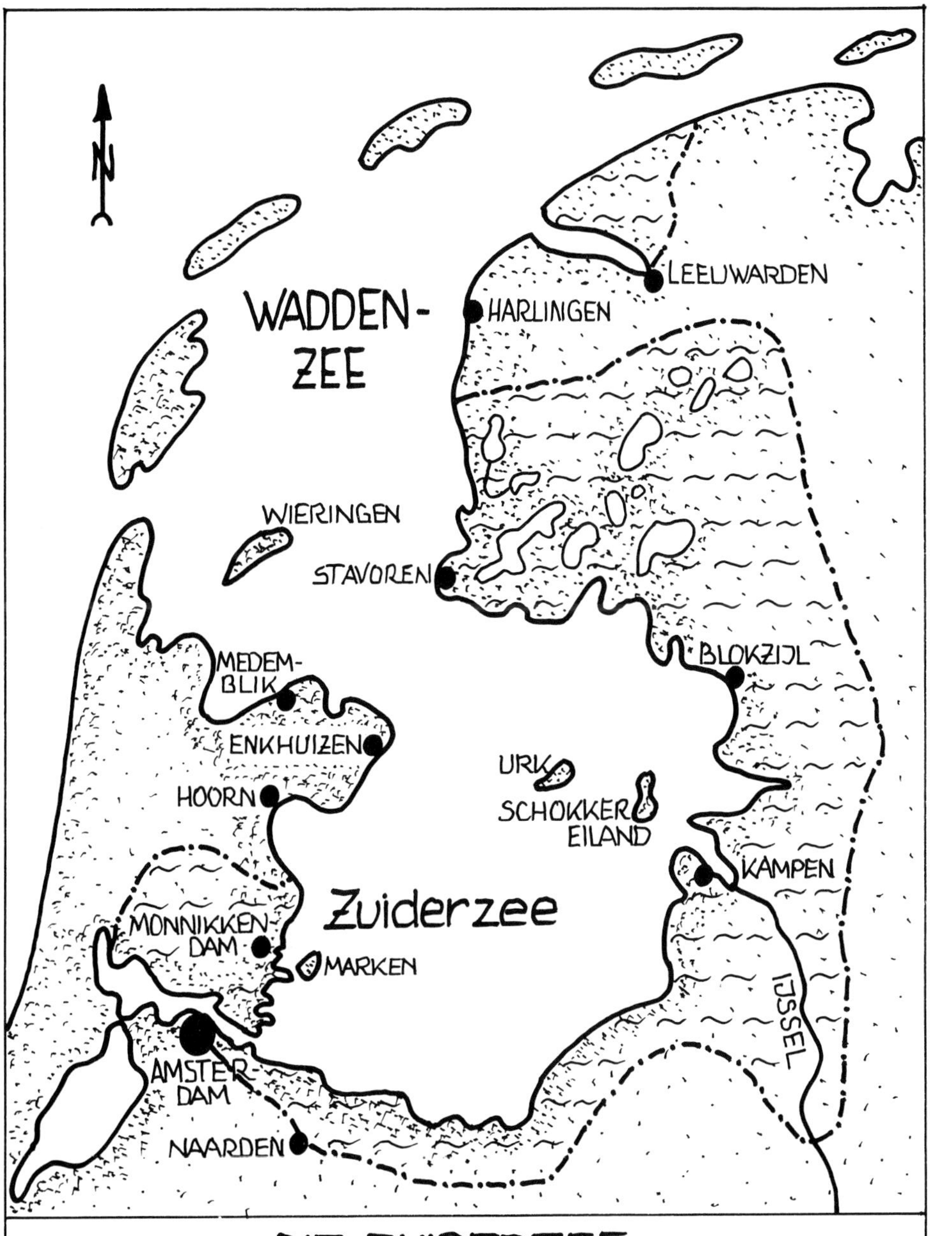

DIE ZUIDERZEE
VOR DER EINPOLDERUNG

Die mit Wellen versehenen Flächen sind Gebiete · die vor der Einpolderung bei Sturmfluten immer wieder überschwemmt wurden·

Das Wetter

Die Holländer sagen: »Das Ijsselmeer macht sich sein eigenes Wetter!«.
Damit meinen sie, daß sich das Wetter auf dem Ijsselmeer durch den Einfluß des Landes sehr schnell ändern kann und sich oftmals anders entwickelt, als man es z.B. auf der offenen Nordsee erwarten würde.
Besonders in den Sommermonaten können sich in kurzer Zeit, oft in weniger als einer halben Stunde, schwere Gewitter entwickeln, Sie werden häufig von außergewöhnlich starken Winden begleitet, die in Böen Sturmstärke erreichen können.
Nach den Statistiken des »KNMI« kann man mit folgenden Wetterbedingungen rechnen:

Durchschnittliche Luft- und Wassertemperaturen in Grad Celsius:

	Luft	Wasser
April	8 °	8 °
Mai	12 °	13 °
Juni	15 °	16,5 °
Juli	17 °	18 °
August	17 °	18 °
September	15 °	16 °
Oktober	11 °	11,5 °

Poldermühle im Prinzenhof

Der Monatsdurchschnitt der Lufttemperatur kann schwanken von 2 ° im März bis zu 20 ° im Juli und August.
Der Tagesdurchschnitt der Lufttemperatur kann zwischen –5 ° im März und 25 ° im Juli und August liegen.
Die Wassertemperaturen liegen zwischen 0 ° im März und 21 ° im Juli und August; mit Maximalwerten von 24 °.

Prozentuale Häufigkeit der Windrichtungen:

	N	O	S	W	Var.
März – April	25	25	20	25	5
Mai – Juni	25	20	20	30	5
Juli – August	20	15	25	25	5
Sept. – Oktober	15	20	35	25	5

Durchschnittliche Windstärken über dem freien Wasser:

März – April	8,0 m/sec	= Bf 5
Mai – Juni	7,0 m/sec	= Bf 4
Juli – August	7,5 m/sec	= Bf 4
Sept. – Oktober	8,0 m/sec	= Bf 5

Vom 1. März bis 31. Oktober, das sind 245 Tage, weht es an:
15 Tagen mit Bf 7 und mehr, an
90 Tagen mit Bf 5–6 und an
140 Tagen mit Bf 4 und weniger.
Im selben Zeitraum muß man an 35 Tagen mit Nebel (Sicht unter 1000 m) rechnen:

	Tage	Stunden
März	7	4
April	4	3
Mai	4	3
Juni	3	2
Juli	3	2
August	3	2
September	4	3
Oktober	7	4

Der Seegang auf dem Ijsselmeer wird oft als sehr kurz und steil beschrieben. Da es aber

auf dem Ijsselmeer keine nennenswerten Strömungen und vor allem keine Tiden gibt, kann sich der Seegang nur durch Windeinfluß aufbauen. Wind gegen Strom – das gibt es nicht mehr. Tatsächlich aber gibt es häufig Wellenlängen, die mit der Länge des eigenen Bootes übereinstimmen: Das Boot bolzt sich fest, besonders beim Segeln hoch am Wind. Hier hilft das alte Rezept der Ijsselmeer-Fischer:
»Vaart houden – niet knijpen« (Fahrt halten – nicht kneifen); d.h. weniger Höhe, dafür mehr Fahrt laufen. Das Boot bolzt sich dann nicht fest und segelt besser nach Luv!
Der Seegang auf dem Ijsselmeer ist nicht nur von der Windstärke, sondern auch von der Position des Schiffes abhängig.
Der »fetch« (das ist die Strecke, über die der Wind ungehindert anblasen kann), ist sehr unterschiedlich – je nach Position und Windrichtung bis zu 50 km lang.
Je länger der »fetch«, je länger der Wind aus derselben Richtung weht – desto höher sind die Wellen.

Die Dokkumer Ee – ein stiller Wiesenfluß fernab jeglicher Industrie

Wettervorhersagen und Sturmwarnungen

Auf Grund der oben beschriebenen Wetterverhältnisse gibt es für das Ijsselmeer spezielle Wettervorhersagen und Sturmwarnungen.
Die Wettervorhersagen, Wind- und Sturmwarnungen werden in die unten eingezeichneten Gebiete unterteilt:
Scheveningen Radio sendet Wetterberichte, Wind- und Sturmwarnungen auf Grenzwelle (nur SSB) und auf UKW-Seefunk.

Auf UKW wird im Anschluß an den Sammelanruf viermal täglich ein Wetterbericht gesendet: 00.05 / **07.25** / 13.05 / 19.05 Uhr *GLZ!*
Auf dem Ijsselmeer sind diese Wetterberichte zu empfangen auf den Arbeitskanälen der Sender

Wieringerwerf	Kanal 27
Lelystad	Kanal 83
Tjerkgast	Kanal 88

Sie enthalten eine Zusammenfassung der Wet-

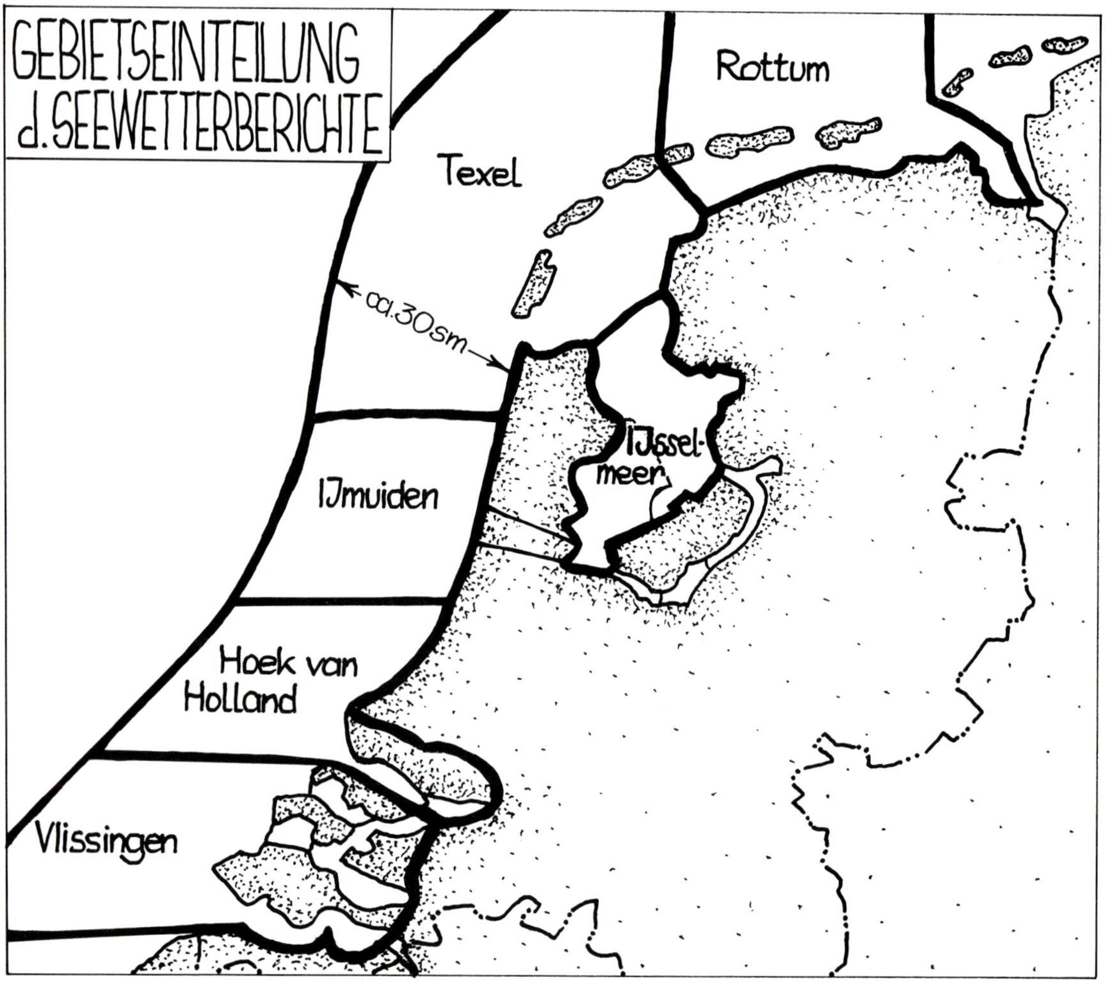

terlage, eventuelle Sturmwarnungen, (6 Bf und mehr, wenn möglich, 6–9 Stunden vor Beginn), Niederschlag, Sicht sowie eine Windvorhersage für die nächsten 12 Stunden. *Sturmwarnungen* (7 Bf und mehr) werden sofort nach Eingang bei Scheveningen Radio auf UKW, Kanal 16, angekündigt und auf den Arbeitskanälen gesendet. Danach werden sie jeweils zur vollen Stunde wiederholt.
Auf Grenzwelle (SSB / Einseitenband)

Frequenzen	1862 kHz / 1890 kHz.
Zeiten (UTC)	03.40 / 09.40 / 15.40 und 21.40 Uhr.

Inhalt: Wind- und Sturmwarnungen für die Nordsee, Seewetterbericht für die Nordsee mit ausführlicher Wetterlage und Vorhersage. Wind- und Sturmwarnungen werden sofort nach Eingang und nach den Seenotpausen h + 03 bzw. h + 33 gesendet.
Unter der Telefon-Nr. (06) 91 12 23 52 kann ein spezieller Wetterbericht (incl. Wettervorhersage) des KNMI für das Ijsselmeer, Randmeere, Friese Meere und Waddenzee abgerufen werden.

Wetterberichte über Rundfunksender

(Ultrakurzwelle und Mittelwelle. Zum Empfang genügt ein einfaches Kofferradio)

Zeit: (GLZ)	Sender	Frequenz
06.30	Flevoland	1008 kHz
07.30 + 08.00	Wieringermeer	93,9 MHz
	Lelystad	102,1 MHz
10.00	Wieringermeer	93,9 MHz
	Wieringermeer	87,7 MHz
	Wieringermeer	89,8 MHz
12.00	Lelystad	1008 kHz
12.56	Flevoland	747 kHz
15.00	Wieringermeer	93,9 kHz
	Lelystad	102,1 MHz
17.55	Flevoland	1008 kHz
18.00	Wieringermeer	93,9 MHz
	Flevoland	1008 kHz
20.00	Wieringermeer	93,9 MHz
	Lelystad	102,1 MHz
23.00	Wieringermeer	93,9 MHz
	Lelystad	102,1 MHz

Volendam, ein romantischer, aber betriebsamer Fischerhafen an der Gouwzee

UKW-Seefunk auf dem Ijsselmeer

Grundsätzlich wird der gesamte Seefunkverkehr nach den internationalen Richtlinien abgewickelt. Es gibt jedoch einige Besonderheiten, die man aus technischen Gründen beachten muß:

Der gesamte Funkverkehr wird von Scheveningen Radio abgewickelt. Deshalb werden die Sender nicht mit dem Namen ihres Stand-

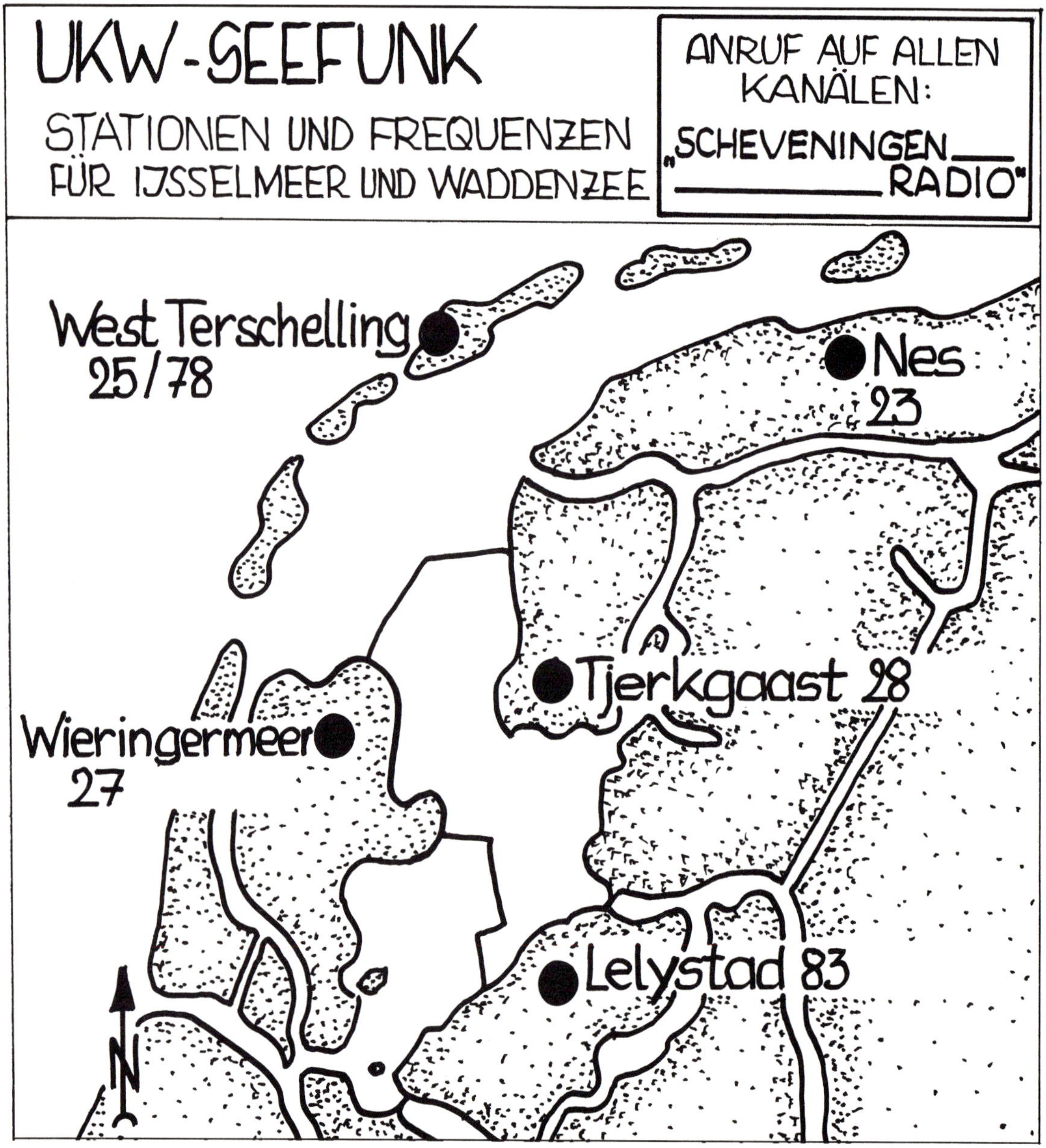

ortes, sondern ausschließlich mit »Scheveningen Radio« gerufen!
Der Anruf darf (ausgenommen im Notfall) nur auf einem Arbeitskanal erfolgen:

Wieringerwerf	Kanäle 27 / 87
Tjerkgast	Kanäle 88 / 28
Lelystad	Kanäle 83 / 84

Anrufverfahren

Scheveningen Radio (dreimal!). Hier ist (Schiffsname und Rufzeichen – zweimal!) auf Kanal ... Hören Sie mich? Over!
Beispiel:
»Scheveningen Radio, Scheveningen Radio, Scheveningen Radio. Hier ist URSUS/Delta Golf Papa Whiskey, URSUS / Delta Golf Papa Whiskey auf Kanal Lelystad 83. Hören Sie mich? Over!«
Dieses Verfahren ist notwendig, da sonst die Zeit zur Anruferkennung und Ermittlung eines freien Vermittlungsplatzes nicht ausreicht. Kürzere Anrufe werden nicht aufgenommen. Sollten alle Vermittlungsplätze besetzt sein, wird der Anruf elektronisch registriert, und es ertönt ein Signal in vier Tonhöhen. Weitere Anrufe haben dann keinen Sinn mehr. Scheveningen Radio ruft zurück.

Sammelanrufe

Scheveningen Radio sendet 5 Minuten nach jeder vollen Stunde einen Sammelanruf über die fettgedruckten Arbeitskanäle, bei dem nur die Rufzeichen der Schiffe, nicht aber die Schiffsnamen genannt werden.
Für private Schiff-Schiff-Gespräche darf nur der Kanal 77 benutzt werden.
Der UKW-Kanal 70 ist auf Grund internationaler Vereinbarungen ausschließlich dem Digitalen Selektivrufsystem (DSC) vorbehalten und darf für den Sprechfunkverkehr nicht benutzt werden.

Plattbodentreffen in Amsterdam

Fischerei auf dem Ijsselmeer

Auf den Seekarten des Ijsselmeeres findet man an einigen Stellen, z.B. südwestlich von Kornwerderzand und bei Den Oever, blau schraffierte Flächen, die Fischereigebiete markieren.

In diesen Gebieten sind Netze ausgelegt, die wie Gardinen im Wasser hängen. Sie werden durch Schwimmkörper aufrecht und durch Gewichte am Boden gehalten.

Sie sind etwa 1,20 Meter hoch und 100 Meter lang. Normalerweise werden mehrere Netze miteinander verbunden. Der ganze Verbund kann über einen Kilometer lang sein. Anfang und Ende des Verbundes sind mit je einem doppelten Fähnchen bezeichnet. Zwischen den einzelnen Netzen wird mit je einem Fähnchen markiert.

Eigentlich sollte man diese Gebiete meiden. Falls man aber doch einmal hineingerät: Dicht bei den Fähnchen kann man in Luv passieren.

An fast allen Ufern des Ijsselmeeres sind Stellnetze angelegt. Man erkennt sie an den Pfählen, die aus dem Wasser herausragen. Selbst mit flachgehenden Booten kann man nicht zwischen den Pfählen und auch nicht zwischen dem Netz und dem Ufer hindurchfahren.

Stellnetze, in der Regel dicht am Ufer

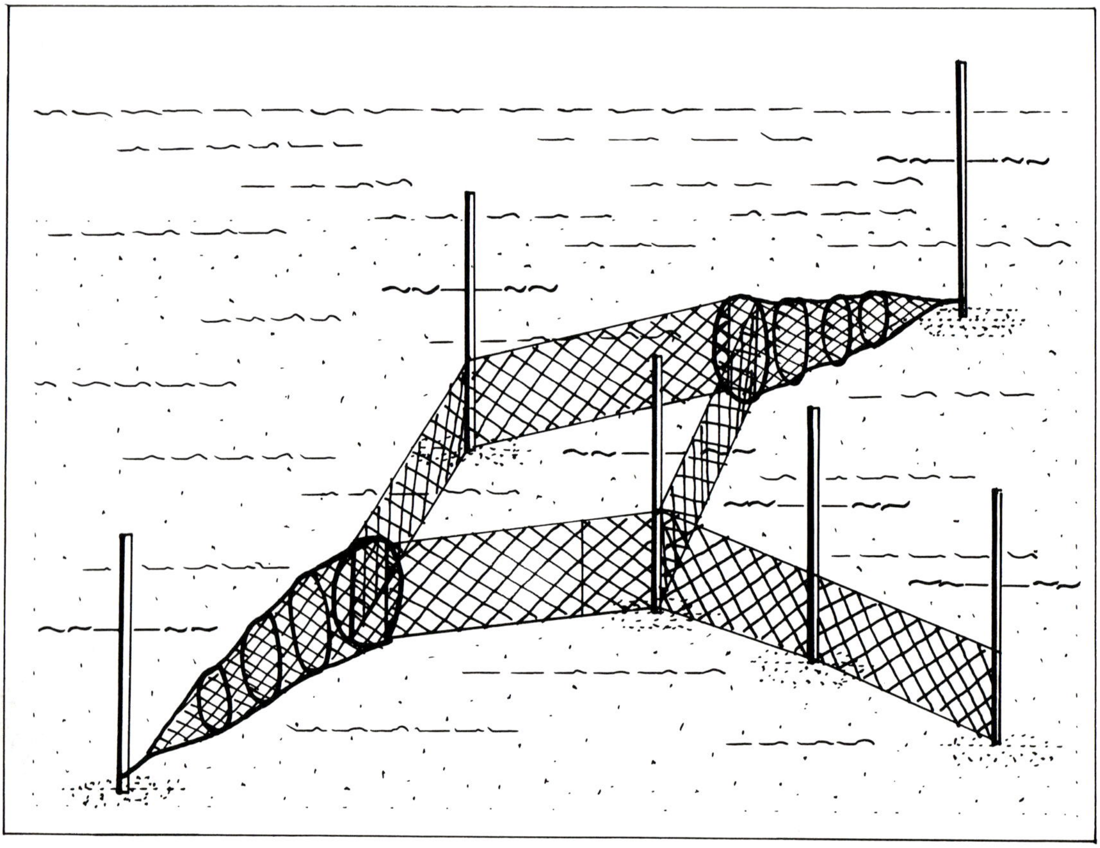

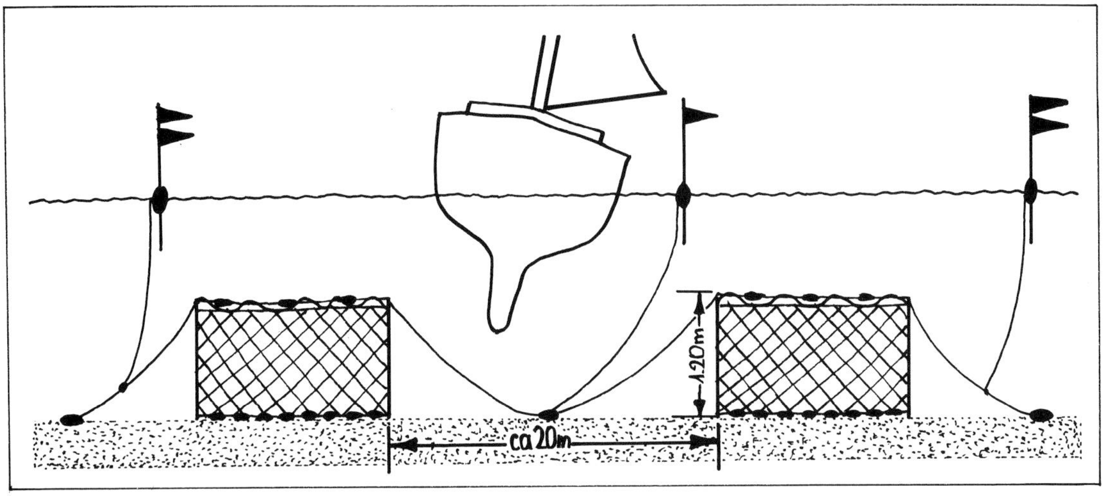

Fischernetze sollte man meiden! Notfalls kann man in Luv, dicht bei den Fähnchen, passieren

Die Fischer von Marken tragen auch heute noch die alten Trachten

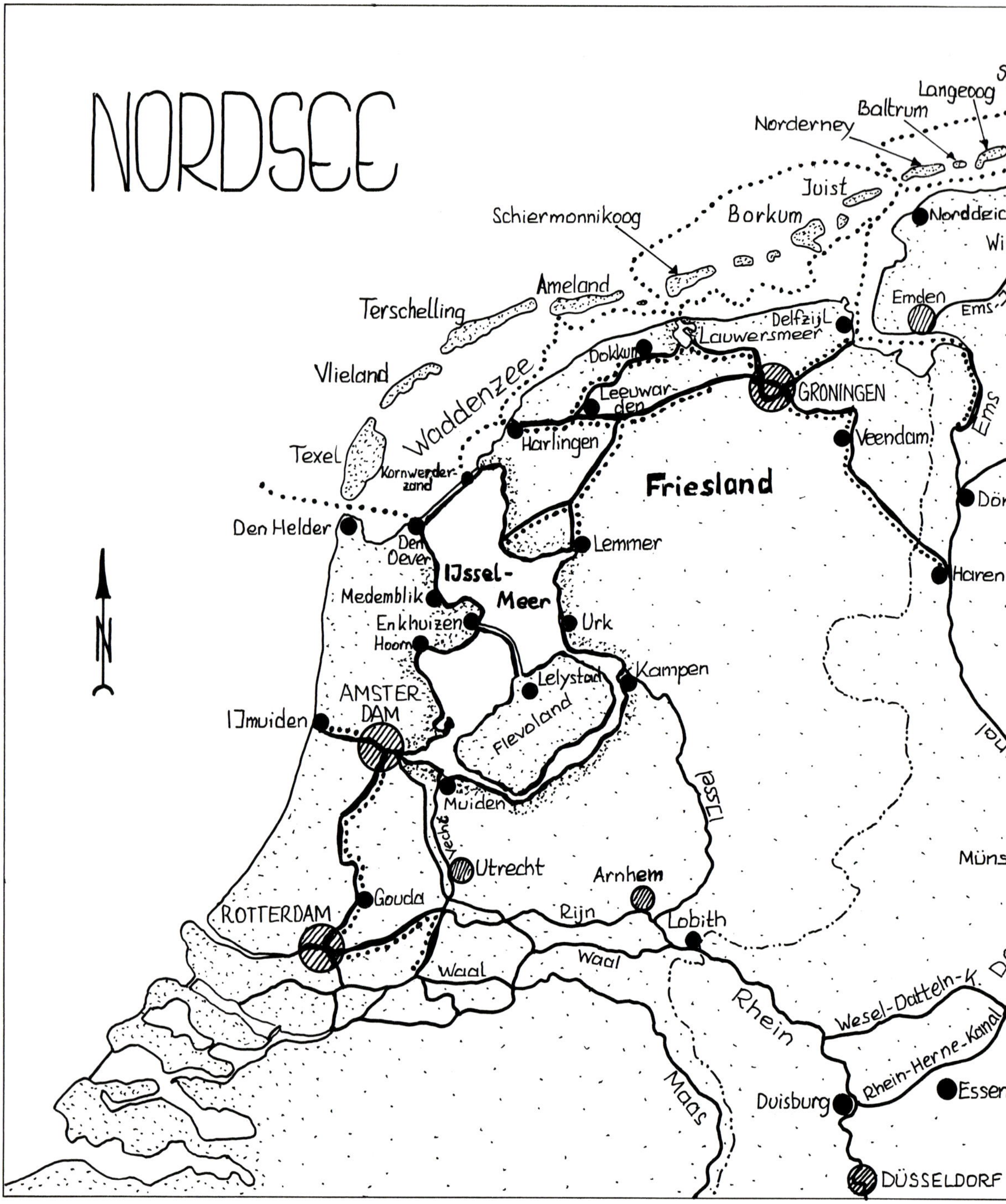
NORDSEE
Langeoog
Baltrum
Norderney
Juist
Borkum
Schiermonnikoog
Ameland
Terschelling
Vlieland
Texel
Waddenzee
Norddeic
Emden
Ems
Delfzijl
Lauwersmeer
Dokkum
Leeuwarden
GRONINGEN
Harlingen
Veendam
Kornwerderzand
Friesland
Den Helder
Den Oever
Lemmer
IJssel-Meer
Haren
Medemblik
Enkhuizen
Hoorn
Urk
Lelystad
Kampen
AMSTERDAM
IJmuiden
Flevoland
Muiden
Vecht
IJssel
Utrecht
Arnhem
Münst
Gouda
Rijn
Lobith
ROTTERDAM
Waal
Waal
Rhein
Wesel-Datteln-K.
Rhein-Herne-Kanal
Maas
Duisburg
Essen
DÜSSELDORF
N

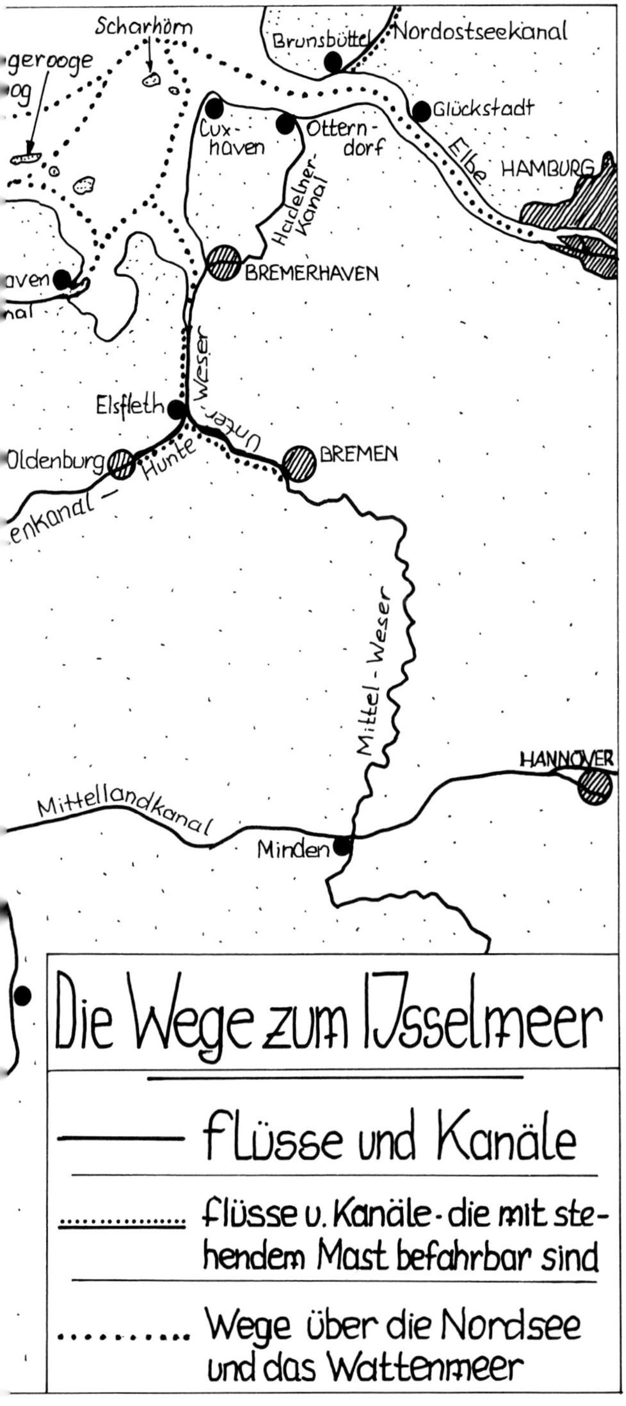

Die Wege zum Ijsselmeer

Das Ijsselmeer ist aus allen Richtungen, nicht nur über die Nordsee, leicht und auch auf geschützten Binnenwegen zu erreichen. Die folgenden Routenbeschreibungen sollen jedoch nur die Planung einer Reise zum Ijsselmeer erleichtern. Sie können nicht die erforderlichen nautischen Unterlagen ersetzen.
Beschrieben werden die Routen
– von der Ostsee, der Elbe und Weser über die Nordsee, das Wattenmeer und die Binnenwege,
– vom westdeutschen Binnenland über die Kanäle und Flüsse,
– von der holländischen Nordseeküste bis nach Amsterdam.

Von der Ostsee in Richtung Ijsselmeer

Hier bietet sich zunächst einmal der Nord-Ostsee-Kanal an. Von Kiel bis Cuxhaven – das ist an einem Tag zu schaffen, vorausgesetzt, daß auf der Elbe, ab Brunsbüttel, der Ebbstrom mitläuft.
Von Brunsbüttel auf einen Rutsch bis nach Wangerooge – das geht nur, wenn man in der Elbmündung den einlaufenden Flutstrom aussegeln kann.
Cuxhaven wird deshalb häufig der Ausgangshafen für den Sprung über die Mündungen von Elbe, Weser und Jade sein.
Für den erfahrenen Skipper mit einer seetüchtigen Yacht bietet sich die Route über die Eider (evtl. über Helgoland) nach Norderney an.
Für kleinere, nicht voll seefeste Yachten gibt es, noch vor dem Weg über das Watt, den »Elbe-Weser-Schiffahrtsweg« von Otterndorf nach Bremerhaven (s.u.).

Von der Elbe zum Ijsselmeer gibt es vier Wege:
- über die Nordsee,
- über das Wattenmeer,
- über den Schiffahrtsweg Elbe-Weser-Küstenkanal nach Delfzijl,
- über den Ems-Jade-Kanal nach Delfzijl.

Der Weg von Cuxhaven »außenherum«, über die Nordsee, kann schwierig werden, denn der Wind kommt häufig von vorne, und auch die Tiden spielen nicht so recht mit: Der Ebbstrom läuft höchstens 5 Stunden mit, man kommt bei Niedrigwasser vor den Seegaten an, kann nicht einlaufen und muß deshalb weiter gegen den Flutstrom nach Westen segeln. Am besten, man segelt gleich bis nach Norderney. Kann man Norderney nicht anliegen, so geht es meistens doch noch über Helgoland.

Die Wattfahrt von der Elbe bis nach Wangerooge ist sehr reizvoll und interessant, aber nicht ganz einfach und auch kaum geschützt. Die Häfen an dieser Strecke fallen bei Niedrigwasser alle trocken und sind nur für Yachten bis etwa 1,4 m Tiefgang geeignet.
Von Cuxhaven aus kann man mit 1,5 m Tiefgang in einer Tide bis zur Weser segeln. Dort kommt man bei Niedrigwasser an und muß, um über das Wattenfahrwasser »Der Hohe

Leeuwarden – gut zum Einkaufen und Bummeln

Weg« zur Jade zu segeln, das nächste Hochwasser abwarten. Nördlich der Insel Mellum über die Mellum-Plate segeln – das geht auf keinen Fall!

Für die Nacht bieten sich der Hafen Fedderwardersiel oder, zum Ankern, der Fedderwarder Priel an. Der weitere Weg über das Wattfahrwasser »Der Hohe Weg« zur Jade und weiter hinter die Ostfriesischen Inseln ist für Yachten bis 1,5 m Tiefgang problemlos.

Von Cuxhaven über das Wattenmeer bis nach Wangerooge sollte man zwei, von Wangerooge bis Norderney weitere zwei Tage einplanen. Von Norderney gibt es wieder zwei Wege: Mit dem Ebbstrom über die Nordsee nach Westen und zwischen den Inseln Schiermonnigkoog und Ameland hindurch in die »Zoutkamperlaag«, wo der Flutstrom bis nach Lauwersoog kräftig mitschiebt.

Wenn das Wetter diese Fahrt nicht zuläßt, so geht es bis 1,8 m Tiefgang wiederum über das Watt in die Osterems, nach Delfzijl.

Bis 1,4 m Tiefgang geht es auch nach Borkum und weiter über das holländische Watt nach Lauwersoog.

Die deutschen Binnenwege sind nicht mit stehendem Mast befahrbar. Sie ermöglichen aber, besonders bei ausgeprägten Westwindlagen, schnelle und sichere Reisen.

Hoorn – das Stadtwappen am Hoofdtoren, dem alten Festungsturm am Hafen

Der Schiffahrtsweg Elbe-Weser ermöglicht Schiffen mit gelegtem Mast bis zu
- 1,5 Meter Tiefgang
- 2,7 Meter Durchfahrtshöhe
- 5,0 Meter Breite und
- 33,5 Meter Länge

bei jedem Wetter die gefahrlose Fahrt von Otterndorf an der Elbe bis nach Bremerhaven. Mastkräne gibt es in Otterndorf und Bremerhaven. Auf der Barre vor der Hafeneinfahrt Otterndorf stehen bei Niedrigwasser nur 0,8 m Wasser.

Betriebszeiten

Schleuse Otterndorf: (tidenabhängig)
Mo. – Sa.: 07.30 – 17.30 Uhr. Beginnend bei NW Brunsbüttel, etwa 2 Stunden, sowie etwa 1,5 Std. bis höchstens 4 Std. nach HW.
So. u. Ftg.: Etwa 2 Stunden, Beginn bei NW Brunsbüttel

Schleuse Lintig:

Mo. – Fr.:	07.30–08.30, 11.00–17.30 Uhr
Sa.:	08.30–17.30 Uhr durchgehend
So. u. Ftg.:	10.00–12.00, 15.00–17.00 Uhr

Schleuse Bremerhaven:

täglich:	07.00–18.30 Uhr

Fahrgeschwindigkeit: max. 8 km/h
Der Kanal ist 54,68 km lang. Einschließlich Mastlegen und Schleusen braucht man einen Tag.

Von Bremerhaven geht es die Weser aufwärts bis Elsfleth und von dort die Hunte aufwärts bis nach Oldenburg. Dies ist auf der ganzen Strecke Tidenrevier und könnte auch mit stehendem Mast gesegelt werden. Der auf der Weser und Hunte mitlaufende Flutstrom läßt sich bis nach Oldenburg ausnutzen.
In Oldenburg beginnt der Küstenkanal, der nach 70 km bei Dörpen in den Dortmund-Ems-Kanal mündet. Diesem folgt man bis zur Schleuse Herbrum. Dort beginnt das Tidenrevier der Ems mit seinen beachtlichen Tidenströmungen, die man bis nach Delfzijl ausnutzen kann.
Von Otterndorf bis nach Delfzijl schafft man es bequem in 4 Tagen – einschließlich Mastlegen und wieder aufriggen.

Enkhuizen – „Drommedaris", der alte Festungsturm am Hafen

Der Ems-Jade-Kanal, von Wilhelmshaven nach Emden, erscheint auf den ersten Blick als der günstigste Binnenweg. Er ist 92 km lang und somit kürzer als der Weg über den Küstenkanal. Der Kanal ist zugelassen bis zu einem Tiefgang von 1,7 m und einer Durchfahrtshöhe von 3,8 m, bis zu einer Breite von 6,0 m. Höchstgeschwindigkeit für Sportboote: 8 km/h bis 1,00 Meter Tiefgang, darüber 6 km/h.
Der Wasserspiegel des Kanals ist 18 Meter breit, die Sohle jedoch nur 8,5 Meter. Es gibt 6 Schleusen, 15 feste Brücken und 27 bewegliche Brücken.

Betriebszeiten

Strecke Emden bis Brücke E J K 34:
werktags: 08.00–12.30, 13.30–17.30 Uhr
sonnabends: 08.00–13.00 Uhr
(Mai–Sept. zusätzlich) 04.00–17.00 Uhr
So., Ftg. (nur Mai–Sept.)
08.00–12.00, 14.00–17.00 Uhr

Strecke von der Brücke E J K 35 bis zur Schleuse Mariensiel (Wilhelmshaven):
werktags: 07.30–12.00, 13.30–17.30 Uhr
sonnabends: 07.30–12.30 Uhr
(Mai–Sept. zusätzlich) 14.00–17.00 Uhr
So., Ftg. (nur Mai–Sept.):
07.30–11.30, 14.00–17.00 Uhr

Die Fahrt auf dem Ems-Jade-Kanal ist landschaftlich sehr schön und abwechslungsreich. Er bietet sich für die Rückreise an, wenn es über das Watt oder die Nordsee zu grob sein sollte. Von Wilhelmshaven segelt man über das Wattenfahrwasser »Der Hohe Weg« zur Weser und zum Schiffahrtsweg Elbe-Weser.
Falls das Wetter wieder handiger sein sollte: Mit dem Ebbstrom aus der Jade heraus und dann mit dem einsetzenden Flutstrom in die Elbe.

Die Strecke von Delfzijl zum Ijsselmeer schafft man notfalls (mit gelegtem Mast) in einem Tag über den Eems-Kanal – Groningen – Van-Starkenborgh-Kanal – Prinses-Margriet-Kanal bis nach Lemmer (118 Kilometer).
Sonntags werden in der Provinz Groningen Schleusen und Brücken nicht bedient.
Mit stehendem Mast fährt man ebenfalls auf dem Eemskanal nach Groningen. Dort aber nicht in den Van-Starkenborgh-Kanal, sondern geradeaus in die Stadt, um das Zentrum herum und über das Reitdiep (bis 1,8 m Tiefgang) zum Lauwersmeer.
Vom Lauwersmeer geht es über die Zuider Ee nach Dokkum und auf der Dokkumer Ee nach Leuwaarden. Weiter auf dem Van-Harinxmakanal nach Osten bis zum Prinses-Margriet-Kanal.
Diese Route ist sehr abwechslungsreich, interessant zu fahren und führt durch parkartige Wiesenlandschaften über die Friesische Seenplatte nach Lemmer. Für diese Strecke sollte man drei Tage rechnen. Die Fahrt von der Elbe zum Ijsselmeer dauert
– über die Nordsee mindestens 4 Tage
– über das Wattenmeer 7–8 Tage
– über die Kanäle 5–7 Tage.

Der Rückweg ist über das Wattenmeer und über die Nordsee einfacher und schneller: Von West nach Ost läuft der Flutstrom viel länger, bis zu 8 Stunden, mit. Man segelt mit steigendem Wasser und kann somit jeden Hafen anlaufen. Der Wind kommt, besonders bei Wetterverschlechterung, überwiegend aus westlichen Richtungen.
Deshalb segeln wir nur bei günstigem Wind über die Nordsee oder über das Wattenmeer

nach Holland. Paßt der Wind nicht, so geht es kurz entschlossen über den Küstenkanal. Zurück zur Elbe segeln wir jedoch immer über das Wattenmeer oder die Nordsee.

Vom Rhein zum Ijsselmeer

Entfernungen auf dem Rhein, jeweils bis zur deutsch-niederländischen Grenze bei Lobith:

Koblenz:	270 km	Bonn:	207 km
Köln:	174 km	Düsseldorf:	118 km
Duisburg:	87 km	Wesel:	47 km

Von Lobith über den Amsterdam-Rhijn-Kanal

Dies ist ohne Zweifel der schnellste, aber nicht der schönste Weg. Bis nach Amsterdam sind es 128 km, für die man eine Fahrzeit von etwa 10 Stunden benötigt.

Vom Grenzort Lobith fährt man auf dem Waal bis km 867 und biegt dort ab in den »Pannerdens Kanaal«. Bei km 878,5 läßt man die hier beginnende Gelderse Ijssel rechts liegen und fährt nach links auf dem »Neder Rijn«, vorbei an Arnheim, flußabwärts. Bei km 930, gleich nach dem Städtchen Wijk bij Duurstede, biegt man nach rechts ab in den Amsterdam-Rijn-Kanaal, auf dem nach 60 Kilometern der Hafen von Amsterdam erreicht wird.

Diese Strecke ist schnell, aber nur mit gelegtem Mast fahrbar und nicht sonderlich erhol-

Schleusenbetrieb: Betriebsam, aber gemütlich und ohne Hektik

sam, denn sie wird von der Berufsschiffahrt stark befahren.

Variante über die Vecht
Zunächst wie oben. Bei km 41 verläßt man den Amsterdam-Rijn-Kanaal und fährt durch die Stadt Utrecht in die Vecht. Die Durchfahrtshöhe beträgt 3,2 Meter.
Den schönsten Teil der Vecht erreicht man noch bei km 31,5 durch eine (fast immer offenstehende) Schleuse, Durchfahrtshöhe 3,7 Meter. Die Vecht verläuft in einer parkartigen Landschaft, in vielen Windungen nach Norden.
Bei Weesp hat man die Wahl: Zurück in den Amsterdam-Rijn-Kanaal oder auf der Vecht weiter nach Muiden.
Auf der Vecht ist die Fahrgeschwindigkeit begrenzt:
- bis 1,00 Meter Tiefgang: 10,8 km/h
- bis 1,25 Meter Tiefgang: 10,2 km/h
- bis 1,50 Meter Tiefgang: 9,0 km/h
- darüber: 7,8 km/h

Daneben gibt es noch partielle Geschwindigkeitsbegrenzungen auf 4,5 km/h.
Bedienungszeiten der Brücken (kostenlos): Vom 1. Juni bis 1. September: Täglich von 9–12, 13–16.30 und 17.30–20.00 Uhr.
Außerhalb dieses Zeitraumes muß man mit eingeschränkten Bedienungszeiten rechnen.

Die Sluisknechtswohnung auf der 100 Jahre alten Lemstersluis

Von Lobith über die Gelderse Ijssel:
Dieser Weg führt von der holländischen Grenze zunächst ebenfalls auf dem Waal in den Pannerdens Kanal. Bei km 878,5 biegt man jedoch nach rechts ab in die Gelderse Ijssel. Dieser Fluß führt in vielen Windungen, scheinbar ruhig und träge, in Wirklichkeit aber mit einer Geschwindigkeit von etwa 5 km/h zum Ijsselmeer.
Die Fahrt ist interessant und abwechslungsreich, verlangt aber doch Konzentration. Die Berufsschiffahrt fährt recht zügig und wechselt oft von einer Seite auf die andere. Sie hält sich nicht an die übliche Rechtsfahrregel, sondern nimmt flußabwärts die Außenkurve, flußaufwärts die Innenkurve, weil das Wasser außen schneller, innen dagegen langsamer fließt. Dieses Abweichen vom Rechtsfahrgebot wird angezeigt durch ein blaues Schild mit einem Flackerlicht an der Steuerbordseite des Steuerhauses.
Da die Durchfahrtshöhe der niedrigsten Brücke bei ca. 4,5 Meter liegt, kann man auch diesen Weg nur mit gelegtem Mast befahren.
Von Lobith sind es 124 km bis nach Kampen. Einschließlich Aufriggen (nach der letzten Brücke bei km 995,5) muß man zwei Tage rechnen.
Für den Rückweg erscheint mir der Weg über den Amsterdam-Rijn-Kanaal günstiger, weil man hier nicht so lange gegen den starken Strom auf der Gelderse Ijssel fahren muß.

Von Ijmuiden (Nordsee) zum Ijsselmeer
Der kürzeste Weg von der Nordsee zum Ijsselmeer führt von Ijmuiden durch den »Noordzeekanal« nach Amsterdam. Das sind nur 24 km, die man mit stehendem Mast fahren, häufig sogar segeln kann, denn es gibt keine festen Brücken. Die Geschwindigkeit ist auf 16,5 km/h begrenzt.
Die Schleusen von Ijmuiden werden das ganze Jahr von 0–24 Uhr bedient. Vom 1. April bis zum 1. Oktober werden Sportfahrzeuge nur in der kleinen (südlichen) Schleuse kostenlos geschleust.
Bedienungszeiten:
montags 6.00 – sonntags 21.00 Uhr.
UKW-Kanal 11, Anruf: Sluis Ijmuiden.

Von Hoek van Holland zum Ijsselmeer
Auf dem »Nieuwe Waterweg« nach Rotterdam und auf der Nieuwe Maas bis km 994, dort links ab in die Hollandse Ijssel, zur »Julianasluis« bei Gouda. Bis zu dieser Schleuse läßt sich der Flutstrom ausnutzen. Weiter über Alphen a/d Rhin–Brassemermeer–Ringvaart van de Haarlemmerpolder bis zum Nieuwe Meer am Südwestrand von Amsterdam.
Diese Strecke ist 96 km lang, mindestens 2,3 Meter tief und mit stehendem Mast zu befahren. Durch Amsterdam geht es tagsüber nur bis 5 Meter Durchfahrtshöhe. Schiffe mit stehendem Mast sammeln sich gegen 23.00 Uhr vor der »Nieuwemeersluis« und fahren im Konvoi unter Begleitung eines Brückenwärters, der eine Brücke nach der anderen öffnet und wieder schließt, nach Norden.
Die Strecke Gouda–Amsterdam ist wegen der schleppenden Bedienung der Eisenbahnbrücken an den Wochenenden nur mit erheblichen Verzögerungen befahrbar. An Wochentagen muß man, einschließlich der Nachtfahrt durch Amsterdam, mit einer Gesamtfahrzeit von etwa 15 Stunden rechnen.

Vom Dortmund-Ems-Kanal nach Groningen
Neben dem üblichen Weg vom Dortmund-Ems-Kanal über die Ems–Delfzijl–Eemskanal nach Groningen gibt es eine direkte Verbindung von Haren nach Groningen:
Man fährt durch die Schleuse Haren in den

Haren-Rütenbrock-Kanal und erreicht nach 13,5 km die deutsch-holländische Grenze (Höchstgeschwindigkeit 5 km/h).
Über den Ter Apelkanaal–Mussel-Kanaal–Stadskanaal–Oosterdiep (Höchstgeschwindigkeit 6 km/h) gelangt man nach Veendam. Von dort erreicht man über den AG Wildervangkanaal das Winschoter Diep (Höchstgeschwindigkeit 11 km/h), das bei Groningen in den Eemskanal mündet.
Insgesamt sind dies nur 83 Kilometer, jedoch mit 71 beweglichen Brücken und 19 Schleusen. Bedienungszeiten vom 16. Mai bis 16. September: Montag bis Samstag von 7.00 bis 12.00 und von 13.00 bis 18.00 Uhr. Sonntags und an Feiertagen kein Betrieb.
Dies ist zwar keine schnelle Strecke, doch besonders für kleinere Fahrzeuge geeignet, die sich mit dieser Verbindung den manchmal ruppigen Weg über die Ems ersparen können.

Literaturhinweise

Bücher:
Seehandbuch 2007 (BSH)
Leuchtfeuerverzeichnis IIIa (BSH)
Jachtfunkdienst Nord-/Ostsee (BSH)
Waterstanden en Stromen
Almanak voor Watertoerisme: Teil I und Teil II. Teil I enthält die gesetzlichen Vorschriften und muß an Bord sein.

Romantischer Liegeplatz im Lauwersmeer

Brundiers/Fleischhauer, Die Weser, Hamburg 92
Heimburg, Schippers Handbuch für die Niederlande und Belgien, Herford
Werner, Holland mit dem Boot, Bielef. '90
Werner, Holländische Häfen aus der Luft
Werner, Nordseeküste 1, Bielefeld
WESKA (Westdt. Schiff. u. Hafenkalender)

Karten: ANWB-Wasserkarten:
A, B, C, D, E, F, G, I, J, K, L
Overzichtskaart van de Vaarwegen
D 3014 Brunsbüttel–Borkum
D 3011 + 3012 Karten der Wester u. Ems
H 1811 + 1812 Waddenzee–West u. Oostblad
H 1810 Ijsselmeer / D 215 Ijsselmeer
Zusätzlich: H 1543 Ijmuiden- en het Noordzeekanaal

Entfernungen auf dem Ijsselmeer

Die Tabelle gibt nicht die Luftlinie, sondern die tatsächlich zu segelnde Entfernung (in sm) zwischen den Häfen an. Dabei wurden ein Tiefgang von 2 Metern und ein ausreichender Sicherheitsabstand zu den Untiefen und zum Ufer berücksichtigt.

	Amsterdam	Den Oever	Enkhuizen	Hindeloopen	Hollandse Brug	Hoorn	Ketelbrug	Kornwerderzand	Lemmer	Houtribsluizen	Makkum	Medemblik	Monnickendam	Muiden	Stavoren	Urk	Volendam	Kampen/Ijssel
Amsterdam		42	25	42	8	21	31	50	41	21	48	35	18	5	37	31	14	40
Den Oever	42		18	14	44	29	29	16	27	31	17	11	36	42	13	28	33	39
Enkhuizen	25	18		17	24	11	15	23	18	17	25	11	18	23	12	13	15	25
Hindeloopen	42	14	17		47	28	26	8	22	28	9	15	34	40	5	23	32	36
Hollandse Brug	8	44	24	47		20	29	53	41	19	52	35	16	5	42	29	13	48
Hoorn	21	29	11	28	20		26	34	29	16	28	22	13	20	23	26	10	36
Ketelbrug	31	29	15	26	29	26		32	18	10	33	22	33	29	21	4	30	10
Kornwerderzand	50	16	23	8	53	34	32		29	35	3	20	41	53	12	30	38	42
Lemmer	41	27	18	22	41	29	18	29		23	30	23	36	47	18	15	33	28
Houtribsluizen	21	31	17	28	19	16	10	35	23		36	24	17	19	24	10	14	20
Makkum	48	17	25	9	52	28	33	3	30	36		21	42	54	13	31	39	43
Medemblik	35	11	11	15	35	22	22	20	23	24	21		28	34	12	20	25	32
Monnickendam	18	36	18	34	16	13	33	41	36	17	42	28		14	30	27	4	43
Muiden	5	42	23	40	5	20	29	53	47	19	54	34	14		42	29	12	39
Stavoren	37	13	12	5	42	23	21	12	18	24	13	12	30	42		19	27	21
Urk	31	28	13	23	29	26	4	30	15	10	31	20	27	29	19		24	14
Volendam	14	33	15	32	13	10	30	38	33	14	39	25	4	12	27	24		40
Kampen/Ijssel	40	39	25	36	48	36	10	42	28	20	43	32	43	39	21	14	40	

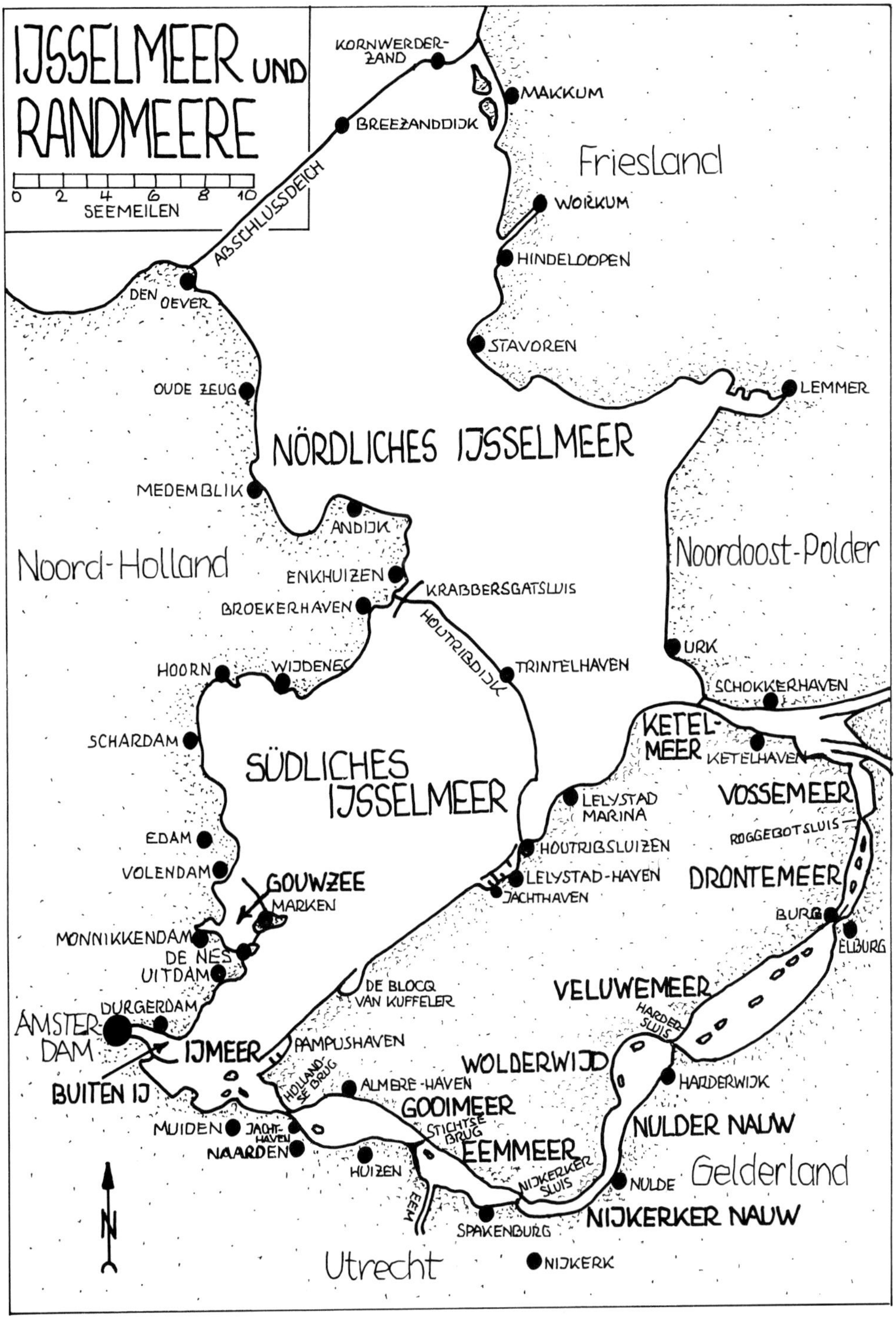
IJSSELMEER UND RANDMEERE
0 2 4 6 8 10
SEEMEILEN
KORNWERDERZAND
MAKKUM
BREEZANDDIJK
Friesland
ABSCHLUSSDEICH
WORKUM
HINDELOOPEN
DEN OEVER
STAVOREN
OUDE ZEUG
LEMMER
NÖRDLICHES IJSSELMEER
MEDEMBLIK
ANDIJK
Noord-Holland
Noordoost-Polder
ENKHUIZEN
KRABBERSGATSLUIS
BROEKERHAVEN
HOUTRIBDIJK
URK
HOORN
WIJDENES
TRINTELHAVEN
SCHOKKERHAVEN
SCHARDAM
KETELMEER
KETELHAVEN
SÜDLICHES IJSSELMEER
LELYSTAD MARINA
VOSSEMEER
ROGGEBOTSLUIS
EDAM
HOUTRIBSLUIZEN
VOLENDAM
LELYSTAD-HAVEN
DRONTEMEER
GOUWZEE
JACHTHAVEN
MARKEN
BURG
MONNIKKENDAM
ELBURG
DE NES
UITDAM
DE BLOCQ VAN KUFFELER
VELUWEMEER
DURGERDAM
HARDERSLUIS
AMSTERDAM
IJMEER
PAMPUSHAVEN
WOLDERWIJD
BUITEN IJ
HOLLANDSE BRUG
ALMERE-HAVEN
HARDERWIJK
GOOIMEER
MUIDEN
JACHTHAVEN
STICHTSE BRUG
NULDER NAUW
NAARDEN
EEMMEER
HUIZEN
NIJKERKER SLUIS
NULDE
Gelderland
N
EEM
SPAKENBURG
NIJKERKER NAUW
Utrecht
NIJKERK

Einfahrt Enkhuizen-Compagnieshaven (oben); Clubhafen s-lich Roggebotsluis (unten)

Das Ijsselmeer

Nautische Grundlagen sind
– Die Niederländische Seekarte Nr. 1810 „Ijsselmeer met Randmeren“
– Die Karte Nr. 1 des Deutschen Hydrographischen Instituts (Internationale Zeichen, Abkürzungen und Begriffe).
– Der „Almanak voor watertoerisme“ des ANWB: Teil 1: „Reglementen en vaartips“ und Teil 2: „Vaargegevens“.
– Publikationen niederländischer Behörden. (KNMI, PTT, Rijkswaterstaat u.a.)

Die Beschreibungen erfolgen in alphabetischer Reihenfolge. Bei den „Randmeeren“, der „Gouwzee“, dem „Ijmeer“ und dem „Buiten Ij“ wurden die Beschreibungen nach praktischen Gesichtspunkten so zusammengefaßt, daß beim Befahren dieser Gewässer langes Suchen vermieden wird.
Die Skizzen und Hafenpläne sind nicht zur Navigation bestimmt. Sie sind nur zu einer ersten Orientierung geeignet. Sie zeigen Objekte an Land nur, soweit sie von Bord eines Sportbootes aus einer Augeshöhe von 2,5 m sichtbar sind. Die neueste Ausgabe der jährlich erscheinenden Karte Nr. 1810, der ANWB-Almanach Teil 1 und 2 und die Seekarte Nr. 1 des DHI sind zur sicheren Navigation unbedingt erforderlich. In allen neuen Seekarten werden die internationalen Zeichen und Abkürzungen, basierend auf den „Chart Specifications of the IHO“ (International Hydrographic Organization) verwendet. Diese werden auch in den ab 1. 1. 1989 erscheinenden deutschen Seekarten verwendet.
Die Wassertiefen in diesem Buch und den o.a. Publikationen sind bezogen auf den „Ijsselmeer Zomer Peil“ = (IJSP) = Ijsselmeer-Sommer-Pegel. Das ist NAP – 20 cm. Dieser Pegel gilt vom 1. April bis zum 1. Oktober. In der übrigen Jahreszeit gilt der Ijsselmeer-Winter-Pegel, der 20 cm niedriger ist.

Andijk

Karte 1810.3

Andijk ist ein langezogenes Dorf hinter dem Deich, das wenig Sehenswertes bietet. Es gibt bei Andijk-West einen 40 ha großen Versuchspolder, der 1927 trockengelegt wurde und dazu diente, auf dem ehemals von Salzwasser überspülten Grund Erfahrungen zu sammeln. Das Poldermuseum „t' Grootslaag“ zeigt eine Sammlung von Gärtnereigerätschaften und eine Übersicht über die Samenzucht.
Das Museum ist von Mai bis September täglich von 14–17 Uhr geöffnet.

Ansteuerung bei Tag

Der große Kirchturm von Andijk ist gut zu sehen und deshalb für Revierkundige eine gute Landmarke. Da es aber in der Nähe mehrere Kirchen dieser Art gibt, ist für Revierfremde Vorsicht geboten. Der Mastenwald des Yachthafens bietet jedoch einen brauchbaren Anhaltspunkt.

Ansteuerung bei Nacht

Die Hafeneinfahrt ist nachts mit je einem festen roten bzw. grünen Licht befeuert und

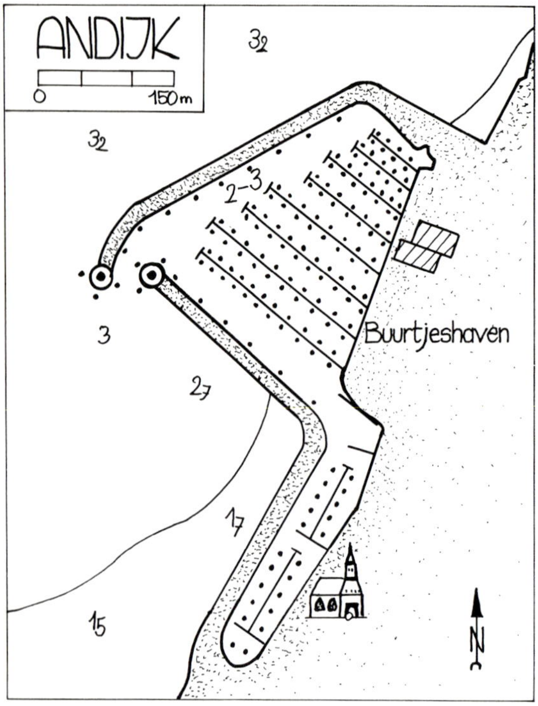

sollte mit einem Kurs von rw 30° angelaufen werden. Die Wassertiefe beträgt in der Einfahrt 3,5 m, nimmt jedoch südlich davon rasch ab.

Häfen

Andijk hat zwei Häfen mit einer gemeinsamen Einfahrt: Gleich an Steuerbord der „Buurtjehaven", der alte Hafen, geradeaus der neue Hafen, der „Stichting Jachthafen Andijk", eine moderne Anlage in der Art einer Marina. In beiden Häfen beträgt die Wassertiefe mindestens 2,5 m.

Versorgung

Trailer-Slipbahn	Diesel/Benzin
Yachtausrüster	Propangas
Motor-Werkstatt	Waschmaschine
Segelmacher	Restaurant
Kran bis 10 t	Bootsslip bis 3 t

Entsorgung für Chemietoiletten

Breezanddijk

Karte 1810.3

Breezanddijk ist ein ehemaliger Bauhafen, der beim Bau des Zuiderzee-Abschlußdeiches angelegt wurde. Der „Zuiderhaven" an der Seite des Ijsselmeeres wird noch von Behördenfahrzeugen als Arbeitshafen benutzt. An der Südwestseite und an der Südostseite werden Baumaterialien (Steine u.a.) gelagert. Die Wassertiefe beträgt 2,8 m. Die Ufer bestehen aus Steinböschungen. Anleger sind in der Südwest- und Nordwest-Ecke.

Der „Noorderhaven" ist wegen des niedrigen Hafendammes bei auflandigem Sturm nicht als Fluchthafen geeignet. Die Wassertiefe mißt in der Einfahrt 1,5 m, im Hafen nur

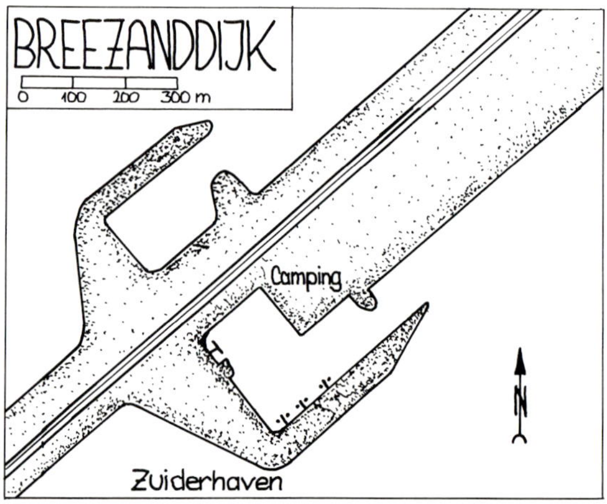

1–1,2 m. Die Ufer bestehen aus Steinböschungen. Am Südwest-Ufer gibt es einen „vluchtsteiger", über den man notfalls festen Boden erreichen kann.

Es gibt keine Durchfahrt zum Zuiderhaven! Nördlich des Zuiderhavens gibt es einen Campingplatz und an beiden Seiten des Deiches eine Slipbahn für Trailerboote.
Es wird kein Hafengeld erhoben. Hafenmeister: Tel. 05177/441. UKW-Kanal 18.

Ansteuerung bei Tag

Der Zuiderhaven ist tagsüber einfach anzulaufen. Man sollte jedoch nicht zu dicht an den Deich herangehen (Stellnetze) und den Hafen mit einem Kurs zwischen rw 015 ° und rw 265 ° ansteuern.

Ansteuerung bei Nacht

Für die Ansteuerung bei Nacht gibt es auf der Ost-Hafenpier ein Licht: Ubr. r/w. Der rote Sektor deckt den Deich ab.

Der Noorderhaven sollte nicht bei auflandigem Wind und nur tagsüber bei guter Sicht angelaufen werden. Die Hafeneinfahrt ist nicht befeuert!

Versorgung

Abfallbehälter	Slipbahn für Trailer
Bei der Tankstelle auf dem Deich:	
Diesel/Benzin	Trinkwasser
WC	Telefon

Broekerhaven

Karte 1810.2

Broekerhaven liegt etwa 1 sm westlich der Krabbersgatsluis bei Enkhuizen. Es ist ein kleiner Umschlagplatz für Binnenschiffe, die hier an der Nordseite im Buitenhaven festmachen.

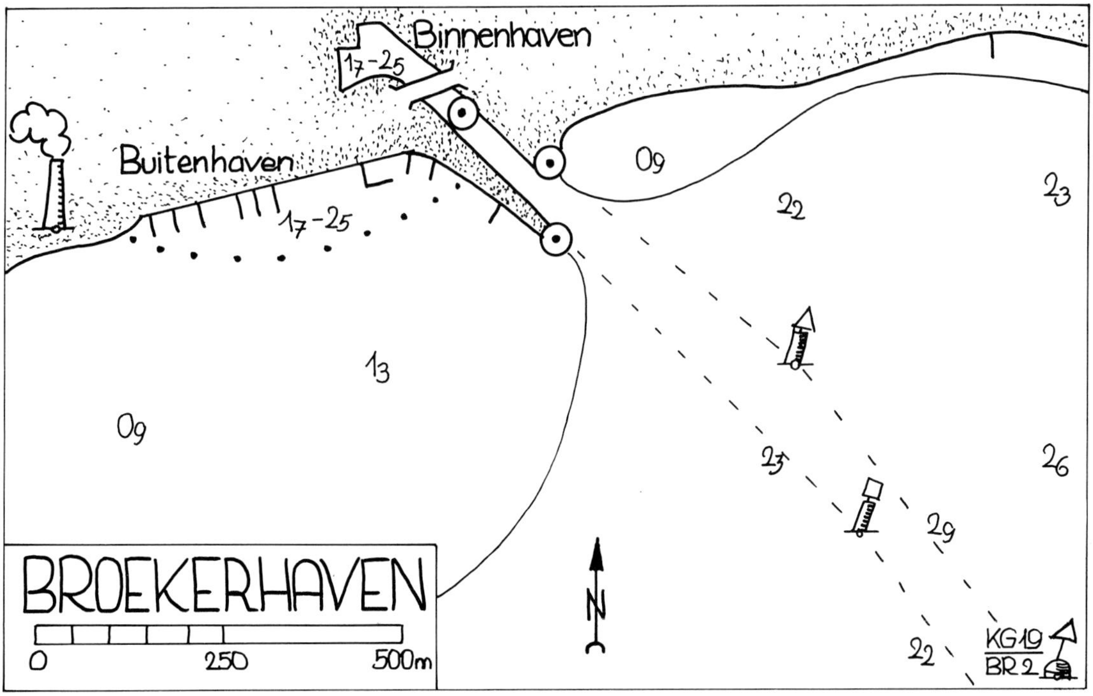

Die Schleuse zwischen Buitenhaven und Binnenhaven steht offen. Darüber liegt aber eine feste Brücke mit einer Durchfahrtshöhe von nur 3,1 m (IJZP). Ein Pegel ist vorhanden.

Ansteuerung bei Tag

Von der Tonne KG 19/BR 2 führt ein betonntes, 2,6 m tiefes Fahrwasser zum Hafen, der im Buitenhaven 2,6 m tief ist.

Ansteuerung bei Nacht

Das Fahrwasser zum Hafen ist nicht befeuert. Die Hafeneinfahrt ist rot/fest bzw. grün/fest befeuert, und auf der Brücke zwischen dem Buiten- und Binnenhaven befindet sich ein weißes festes Licht, das man in der Mitte der beiden Hafenlichter halten muß. Vom roten Hafenlicht sollte man sich gut freihalten - keinesfalls die Feuer in Linie halten! Liegeplätze für Yachten gibt es nur im Buitenhaven.

Versorgung

Duschen/WC	Campingplatz
Trailer-Slipbahn	Diesel/Benzin
Yachtwerft	Motor-Werkstatt
Kran bis 30 to	Flaschengas
Entsorgung für Chemietoiletten	

Broekerhaven

De Blocq van Kuffeler Karte 1810.2

Der auf der Karte als „Vluchthaven“ bezeichnete Hafen liegt an der Nordwestseite des südlichen Flevolandpolders. Die in der Karte verzeichneten vier großen Tanks und das „Gemal van Kuffeler“ sind nicht aus allen Richtungen klar voneinander zu unterscheiden. Sie erscheinen zuweilen als eine Einheit.

Zur Ansteuerung sollte erst die weiß-rote Leuchttonne BvK (Gleichtaktfeuer weiß, 6 s) angelaufen werden. Von dieser Tonne läuft man nach Sicht auf die Hafeneinfahrt, die nachts befeuert ist (rot/fest und grün/fest).

Der sehr große Hafen bietet Ankerplätze und vor der „Zuidersluis“ auch Anleger, an denen man bis zu drei Tagen liegen darf. Es gibt Abfallbehälter und eine Slipbahn, jedoch keine Versorgungseinrichtungen.

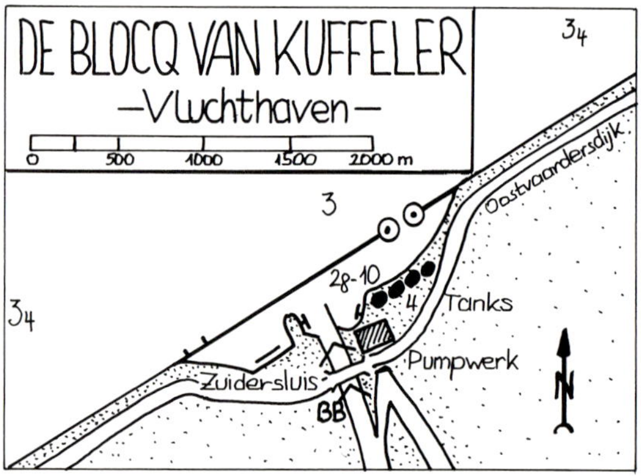

De Nes Karte 1810.2

Der „Vluchthaven De Nes“ ist ein flaches Hafenbecken südlich der Insel Marken, das durch die Verlängerung des Marker Dammes

gebildet wird. Der „Vluchthaven“ bietet auf einer Wassertiefe von 1,8–1,3 m Ankerplätze und für kleinere Boote an der Ostseite einige Boxen an einem Anleger. Der Hafen bietet bei Winden von Südwest bis Südost keinen Schutz.
Aufenthaltsdauer kostenlos bis zu drei Tagen. Das Boot darf nicht unbewacht liegen bleiben.

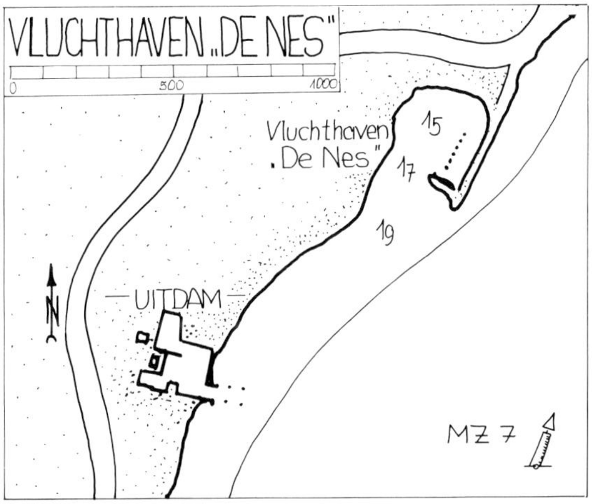

Den Oever Stevinsluis – Karte 1810.3

Den Oever liegt an der Waddenzee, am südwestlichen Ende des Ijsselmeer-Abschlußdeiches. Es ist der Heimathafen einer beachtlichen Garnelenfischerei-Flotte, weist jedoch keine besonderen Sehenswürdigkeiten auf.

Ansteuerung bei Tag

Siehe Seekarte Nr. 1810.6 und Nr. 1810.3 Markanter Ansteuerungspunkt (von Süden kommend) ist zunächst der Sendemast, der in der Seekarte Nr. 1810.3 mit „(200 m) Lts (Rood)“ dicht hinter dem „Wieringermeerdijk“ eingezeichnet ist. Die Entwässerungsschleusen im Abschlußdeich, östlich der „Stevinsluis“, sind ebenfalls gut zu erkennen. Auf Grund mehrerer Untiefen sollte man sich ab der rot-weißen Ansteuerungstonne „GS“ im Fahrwasser halten.

Ansteuerung bei Nacht

Die roten, festen Lichter des Sendemastes, sowie 4 sm südlich davon die roten und weißen Sektoren des Feuers auf dem „Zeughoek“ sind gut zu sehen. Die Ansteuerungs-Leuchttonne „GS“ (Blinkfeuer weiß, 10 s) und die folgenden Leuchttonnen führen in den sehr schmalen, weißen Sektor des Leuchtfeuers (Gleichtakt 5 s mit Sektoren rot / weiß / grün) an der Nordseite der Schleuse. Die Hafeneinfahrt ist mit je einem festen roten und grünen Licht befeuert. Unmittelbar nach dem Einlaufen sieht man Steuerbord voraus ein grünes Gleichtakt-Feuer (4 s), das auf dem südöstlichen Ende des Binnenhafendammes steht.

Den Oever: Schleusen-Einfahrt (Ijsselmeerseite)

Hafen

Die Zufahrt zum Hafen und zur Schleuse ist 3,1 m tief. Der „Zuiderhaven“ mit Wassertiefen zwischen 0,5 und 1,0 m ist praktisch nicht befahrbar. An seiner Südseite liegt der Yachthafen der „WV Den Oever“. Eine 2,2 m tiefe und betonnte Fahrrinne führt zur „Stontelersluis“, durch die man zum „Wieringermeerpolder“ gelangt.

Einlaufend an Steuerbord liegt der Binnenhaven, die Zufahrt zur Schleuse. Dort gibt es an der Westseite einen Anleger, an dem man auf die Öffnung der Schleuse warten, jedoch nicht übernachten darf.

Im Fischereihafen, nördlich der Schleuse, dürfen Sportboote nach Abstimmung mit dem Hafenmeister max. 3 x 24 Stunden liegen, ebenso im Binnenhaven, jedoch nur mit Erlaubnis des Schleusenmeisters.

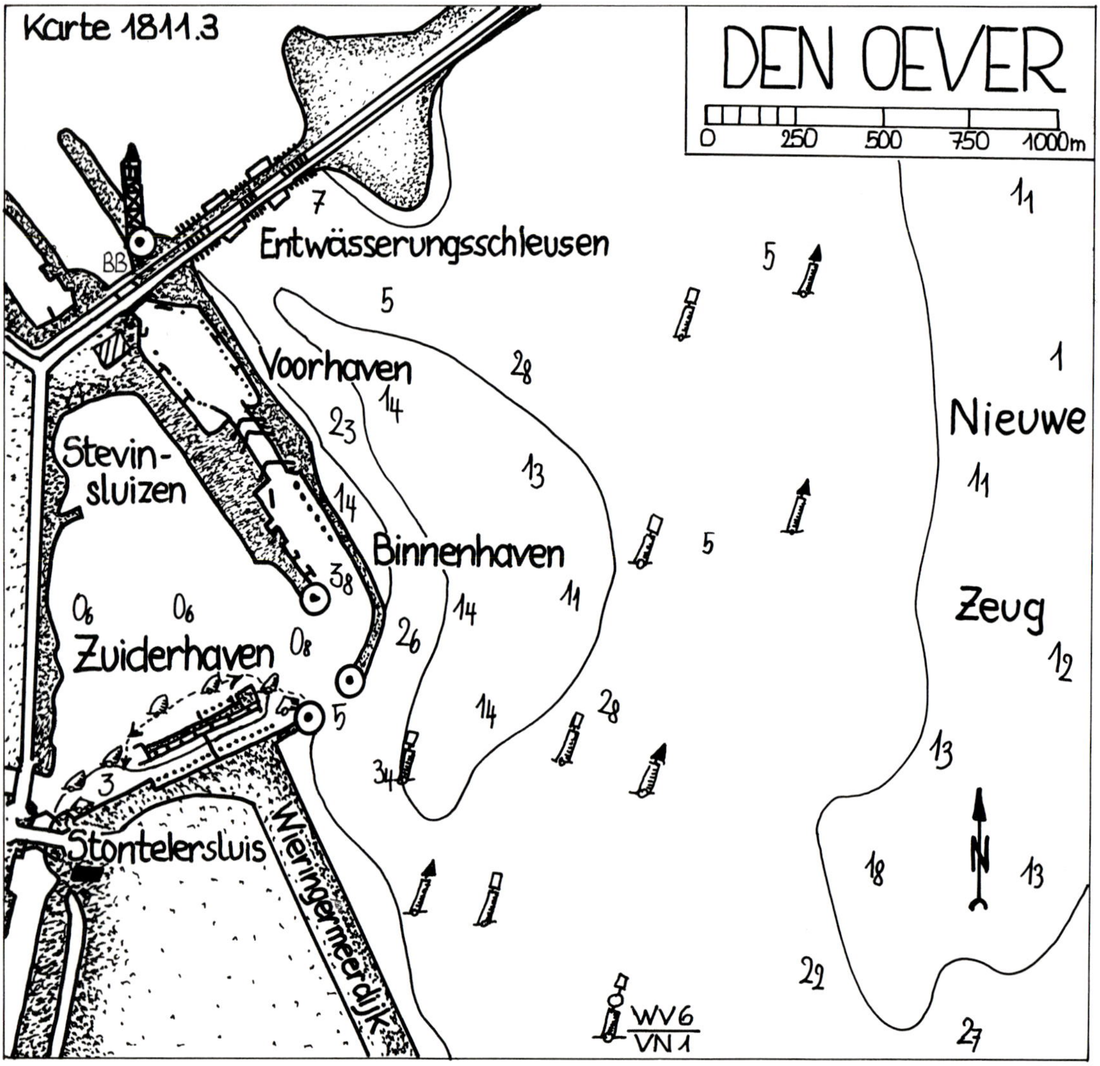

Schleuse

UKW–Kanal 20. Anruf: „Stevinsluis“, Tel. 02271 / 13 83. Schiffe mit mehr als 1,7 m Tiefgang müssen sich über UKW anmelden.
Die Schleusen und die Drehbrücken werden zu folgenden Zeiten bedient: Mo.–Sa.: 05.00–21.00 Uhr, So. u. Ftg.: 08.30–11.30, 14.30–17.30 Uhr. Nördlich der Schleuse beginnt das Tiden-Revier:

- Niedrigwasser: = NAP — 1,35 m
- Hochwasser Springzeit: = NAP + 0,76 m
- Hochwasser Nippzeit: = NAP + 0,54 m
- Drempeltiefe: mindestens 2,2 m

Versorgung

Diesel	Benzin
Trinkwasser	Duschen, WC
Telefon	Motor-Werkstatt
Yachtwerft	Segelmacher
Kran 9 + 40 t	Slipanlage
Abfallbehälter	Trailer-Slipbahn
Waschsalon	

Edam

Karte 1810.2 + 1810.6

Edam ist ein wunderschönes altes Städtchen: Viele alte Giebelhäuser und Grachten, das alte Rathaus, der „Speeltoren“ (ein großer Turm mit Glockenspiel), die „Damsluis“, eine große breite Brücke, die den Marktplatz bildet – und nicht zu vergessen der Edamer Käse. All das lohnt die etwas umständliche Anfahrt, zumal der große Touristenrummel an Edam vorbei nach Volendam strömt. Das wiederum hat den Vorteil, daß man das verträumte, romantische Städtchen in Ruhe genießen kann.

Ansteuerung bei Tag

Die Hafeneinfahrt mit dem langen und schmalen Hafen liegt etwa 1 sm östlich des Städtchens. Als Anhaltspunkte dienen die Kirchtürme von Volendam und Edam sowie ein Campingplatz, der unmittelbar nördlich der nur 10 m breiten Hafeneinfahrt liegt. Die Zufahrt ist betonnt. Die Einfahrt ist aber unübersichtlich. Auch der Hafen an sich ist sehr schmal. Zufahrt und Hafen werden durch Baggern auf 2 m Tiefe gehalten, versanden aber schnell wieder, so daß oft nur 1,5 m vorhanden sind.

Ansteuerung bei Nacht

Das Fahrwasser ist bis zur Hafeneinfahrt zwar betonnt, aber nicht befeuert.
Die Hafeneinfahrt ist wie üblich rot / fest und grün / fest befeuert. Auf dem nördlichen Ha-

Den Oever: Hafeneinfahrt

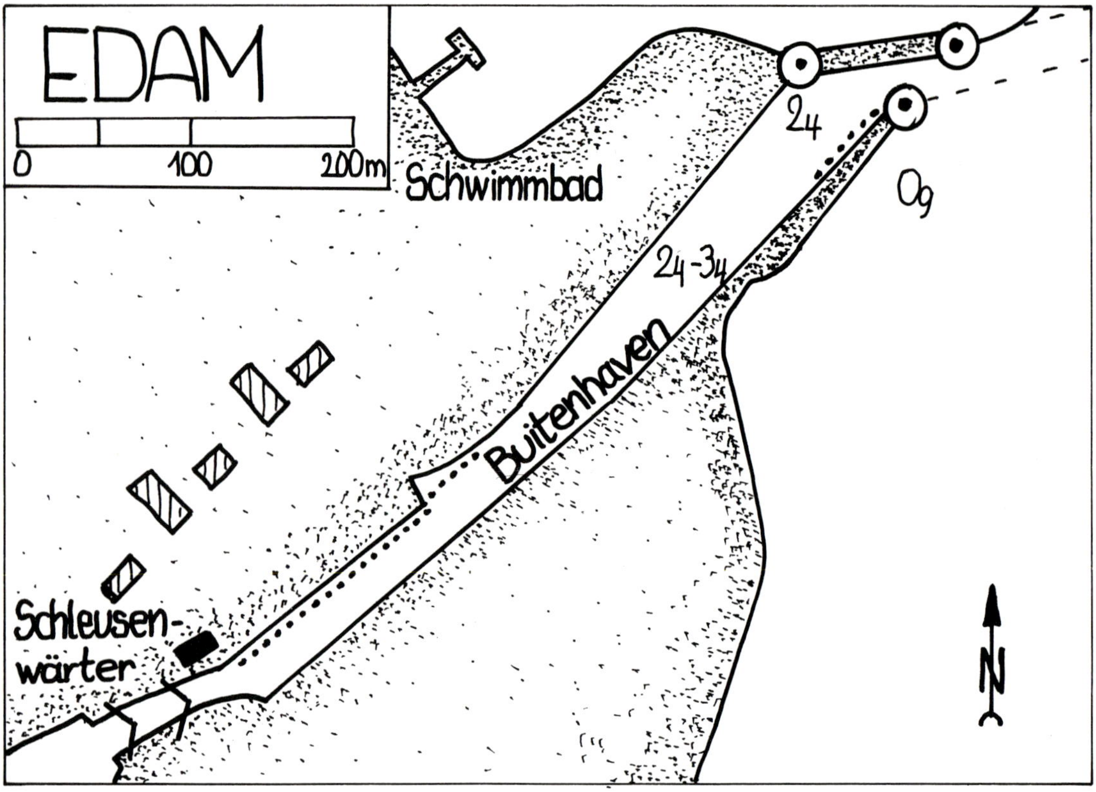

fendamm steht ein Gleichtaktfeuer, weiß, 8 s. Dieses Gleichtaktfeuer und das grüne Hafenlicht steht nicht als „Feuer in Linie"! (siehe Karte 1810.6).
Durch eine Schleuse kann man in das Oorgat und weiter in den „Nieuwe Haven", fahren. Betriebszeiten: Mo.–Fr. 08.00–13.00, 14.00–20.00. Sa., So. u. Ftg.: 09.00–13.00, 14.00–19.00 Uhr.
Die Brücke vor dem „Nieuwe Haven" wird in Verbindung mit den weiteren Brücken von einem Brückenwärter, der mit dem Fahrrad neben dem Boot herfährt, bedient.

Liegeplätze

Buitenhaven Liegeplätze findet man hier an einer hölzernen Pier. Weiter nach binnen stehen an der Nordseite im Abstand von etwa 1 m abgebrochene Holzpfähle ca. 0,5 m unter Wasser!
Danach folgen Liegeplätze der W.V. „de Zeevang". Es ist nicht erlaubt, bei anderen Schiffen längsseits zu gehen. Das Fahrwasser würde für die Berufsschiffahrt zu schmal.
Im *Oorgat,* nach der Schleuse, gibt es einige Liegeplätze an der Nordseite.
Im *Nieuwe Haven* längs der Pier, aber ohne spezielle Einrichtungen.

Versorgung

Duschen / WC	Waschsalon
Trailer-Slipbahn	Flaschengas
Motorenwerkstatt	Yachtwerft
Kran bis 6 t	Campingplatz
Diesel / Benzin	Abfallbehälter
Entsorgung f. chem. Toiletten	

Enkhuizen

Karte 1810.3

Enkhuizen, seit dem Jahre 1335 im Besitz der von Graf Willem V. verliehenen Stadtrechte, ist wohl die am besten erhaltene Stadt am Ijsselmeer. Sie war im 17., dem „Goldenen Jahrhundert", die reichste und mächtigste Stadt an der Zuiderzee: Flottenbasis, Sitz der mächtigen „Ostindischen Compagnie" und Heimathafen einer Fischereiflotte von über 400 Schiffen.
In Enkhuizen wurde die friesische Münze geschlagen, und die Gilde der „Kaartenmaker" (Seekartenzeichner) war weithin berühmt.
Das „Peperhuis", das ehemalige Packhaus der „Ostindischen Compagnie", steht unmittelbar am Compagnieshaven und beherbergt

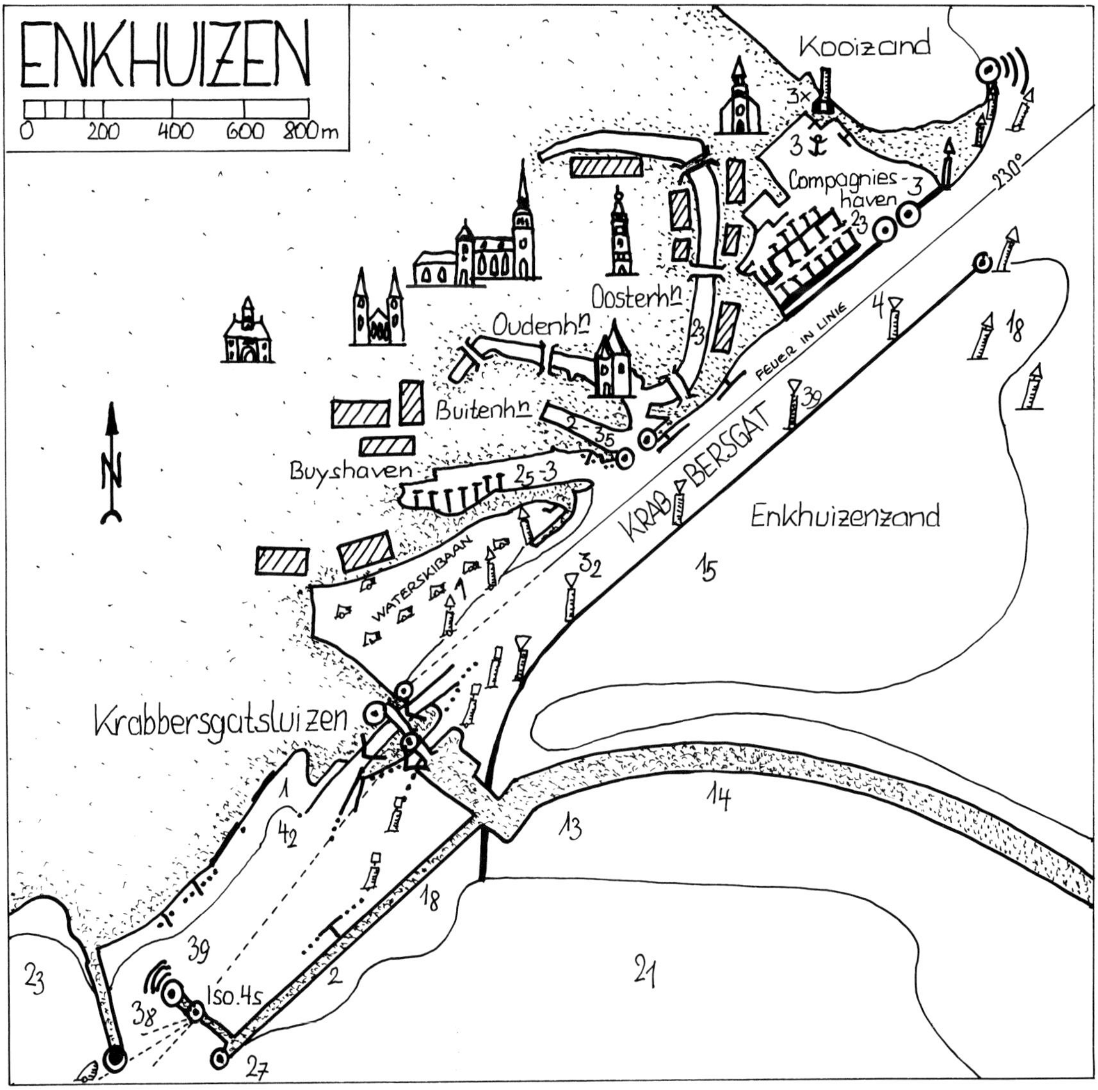

das Binnen-Museum des Zuiderzee-Museums, in dem alte Schiffe der Zuiderzee, Trachten und Fischereigeräte zu sehen sind. Im Buitenmuseum (Freilichtmuseum) hat man ein ganzes Dorf mit allen Häusertypen, die es rund um die Zuiderzee gab, aufgebaut. Das „Marker Haventje", der kleine Hafen der Insel Marken, wurde in Originalgröße nachgebaut.
Das Zuiderzee-Museum ist vom 15. April bis zum 15. Oktober täglich von 10.00–17.00 Uhr geöffnet. Das Buitenmuseum ist nicht von Land aus zu erreichen. Dafür gibt es eine Schiffsverbindung von einem Anleger beim Buitenhaven.
Die spätgotischen Kirchen „Sint Pankraskerk" (Zuiderkerk) und „Gomaruskerk" (Westerkerk) sind einen Besuch wert, ebenso der 1540 erbaute „Drommedaris", ein mächtiger Rundturm, der einst die Einfahrt zum Hafen schützte.

Ansteuerung von Norden Karte 1810.3

Bei Tage sind der Leuchtturm „De Ven", 2,5 sm nördlich der Stadt, sowie die Türme der Zuiderkerk und der Westerkerk gut zu sehen. Die Zufahrt zum „Krabbersgat" ist betonnt. Es ist nicht erforderlich, die Tonnen EZ1-KG2 und KG4 anzulaufen. Die Tonnenreihe am „Kooizand" (an Steuerbord) sollte jedoch beachtet werden.
Wenn die „Krabbersgatsluis" in der Mitte des „Krabbersgat" zu sehen ist, kann man mit rw 230° einlaufen. Die weißen Gleichtaktfeuer (8 s) auf der „Krabbersgatsluis" stehen auf rw 230° in Linie. Sie sind so hell, daß sie auch bei Tage, bei jeder Witterung, zu sehen sind.
Ein Nebelschallsender befindet sich auf dem „Kooizand", Kennung (1) 15 s.
Bei Nacht richte man sich zuerst nach dem Leuchtfeuer „De Ven" (Festfeuer mit Sektoren rot / weiß / grün, Tragweite 11 bzw. 8 sm). Die Einfahrt in das Krabbersgat erfolgt mit rw 230° auf der Linie der weißen Gleichtaktfeuer (8 s).
Auf dieser Linie liegt auch die Leuchttonne EZ1-KG2 ISO 2 s (Gleichtakt, weiß, 2 s). Am Kooizand stehen ein grünes Gleichtaktfeuer (4 s) und der o.a. Nebelschall-Sender. Einlaufend sieht man an Backbord auf dem östlichen Leitdamm ein festes rotes Licht und an Steuerbord die mit je einem festen roten und grünen festen Licht befeuerte Einfahrt zum Compagnieshaven und zum Yachthafen Enkhuizen.
An Steuerbord folgt die Einfahrt in den „Binnenhaven" mit je einem Festfeuer rot und grün. Die Einfahrt des Buyshaven ist nicht befeuert.

Ansteuerung von Süden Karte 1810.2

Bei Tage sieht man, von Süden kommend, zunächst die beiden Kirchtürme von Enkhuizen, den Schleusenkomplex und die Brücke über der Schleuse. Die Ansteuerung ist betonnt und erfolgt mit rw 39° bis vor die Einfahrt des Vorhafens.
Die weißen Gleichtaktfeuer (4 s) in Linie auf rw 39° sind so hell, daß sie auch bei Tage sehr gut zu sehen sind.
Bei Nacht bietet sich zunächst das Leuchtfeuer von Leekerhoek, 5 sm südwestlich von Enkhuizen, an. Es ist ein weißes Blitzfeuer (6 s) mit einem nach Südwesten gerichteten roten Sektor. Das Feuer hat eine Tragweite von 12 bzw. 9 sm.
Weiße Gleichtaktfeuer in Linie (4 s) führen dann anschließend mit rw 39° in die betonnte Zufahrt bis vor den Schleusen-Vorhafen. Die Einfahrt ist mit je einem festen roten und grünen Licht befeuert.

Auf dem hinter der Einfahrt querliegenden Damm befinden sich das Unterfeuer der Gleichtaktfeuerlinie und links daneben ein rotes Gleichtaktfeuer (ISO 4 s) und ein Nebelschallsender mit der Kennung (1) 20 s.

Krabbersgatsluis

UKW-Kanal 22. Anruf: „Krabbergatsluis". Zu beiden Seiten der Schleuse sind Anleger vorhanden, an denen man jedoch nur bis zur Einfahrt in die Schleuse warten darf. An den Sommer-Wochenenden muß mit langen Wartezeiten gerechnet werden. Die Stromschleusen östlich der Krabbersgatsluis (Durchfahrtshöhe IJSP + 6,30 m) dürfen nur nach Anweisung des Schleusenmeisters durchfahren werden.

Enkhuizen: Krabbersgatsluis (Nordseite)

Häfen

UKW-Kanal 10, Anruf: „Havenkantoor Enkhuizen".
Im Compagnieshaven gibt es Ankerplätze

Enkhuizen: Einfahrt zum Yachthafen

und den Yachthaven Enkhuizen, der vorbildlich geführt wird und jeden Komfort bietet. Im Buitenhaven, direkt unter dem runden alten Festungsturm, liegt man im Päckchen an der Pier. Wenn der Hafen voll belegt ist, werden an der Südseite der Einfahrt zwei rote Lichter übereinander gezeigt.
Im Buyshaven gibt es Liegeplätze für Mitglieder des KNWV und die Anleger der Schiffahrtslinien Enkhuizen – Urk und Enkhuizen – Stavoren. Wenn ein gelbes Flackerlicht gezeigt wird, dann ist die Einfahrt nicht gestattet, solange Linienschiffe ein- oder auslaufen.
Der „Oude Haven" kann durch eine bewegliche Brücke beim „Drommedaris" erreicht werden. Im Anschluß an die Häfen befindet sich westlich des Krabbersgat eine große Bucht, in der eine Wasserskibahn eingerichtet ist. Diese Wasserfläche ist durch gelbe Tonnen markiert und darf nicht befahren werden. Auf der Rückseite des Anlegers vor der Schleuse befinden sich Anleger für Fährboote zum „Buitenmuseum".

Versorgung

Trailer-Slipbahn
Yachtwerften — Diesel / Benzin
Kran — Segelmacher
Flaschengas — Abfallbehälter
Duschen / WC — Waschmaschine
Motor-Werkstatt
Slip, auch für große Yachten
Entsorgung: Chemietoiletten, Altöl, Absaugpumpe für Fäkalientanks und Bilgenwasser.

Hindeloopen

Karte 1810.3

Hindeloopen ist ein hübsches, größtenteils erhalten gebliebenes Zuiderzeestädtchen. Es ist seit 1225 im Besitz der Stadtrechte und wurde im 14. Jahrhundert Mitglied der Hanse.
Von hier aus segelten Kauffahrteischiffe vor allem in die Ostsee. Nach dem Verfall der Hanse blieb Hindeloopen eine wohlhabende Stadt bis in das 17. Jahrhundert hinein. Damals zählte man in Hindeloopen noch über 100 Ostseefahrer.
Aus dieser Zeit stammen noch prächtige alte Gebäude und die Hindelooper Trachten, die im Hidde Nijlandsmusem zu sehen sind (geöffnet von März bis November, täglich von 10.00 bis 17.00 Uhr, sonntags von 13.30 bis 17.00 Uhr).
Für Liebhaber von Plattbodenschiffen lohnt sich ein Besuch der Werft Bloom. Sehenswert ist auch die alte Seeschleuse mit dem aus gelbem Backstein gebauten Schleusenwärterhaus und der „Leugenbank". Das ist eine breite, überdachte Sitzbank, die auf dem Deich steht und sich an das Schleusenwärterhaus anlehnt. Hier saßen die alten Fischer, die nicht mehr hinausfahren konnten, beobachteten die See und die schwierige Hafeneinfahrt und schlugen notfalls Alarm, wenn ein Schiff in Not geriet. Sie sitzen auch heute noch auf der Bank, beobachten kritisch die einlaufenden Yachten, kommentieren jedes Manöver und spinnen natürlich ihr Seemannsgarn.
Die alten, hölzernen Brücken sind mit „oorgaten" versehen: In der Mitte der Brücke kann ein Teil, etwa einen Meter breit, geöffnet werden: Das war ein Durchlaß für die damals unverstagten Masten der Plattbodenschiffe.

Hindeloopen aus SW mit Kirchturm

Ansteuerung bei Tag

Der schiefe Kirchturm von Hindeloopen ist eine unverwechselbare Landmarke und schon von weitem gut zu sehen. Von der Ansteuerungstonne H2-W1 ist die Zufahrt zunächst nur an der Ostseite betonnt (rot). Von den Tonnen H8 (rot und H1 (grün) an muß man sich unbedingt im Fahrwasser halten, da sich zu beiden Seiten der betonnten Rinne Untiefen befinden. Das Fahrwasser ist 2,6 Meter tief, kann aber durch Versanden gelegentlich flacher sein.
Vom Kopf der Westmole sollte man Abstand halten (Steine).

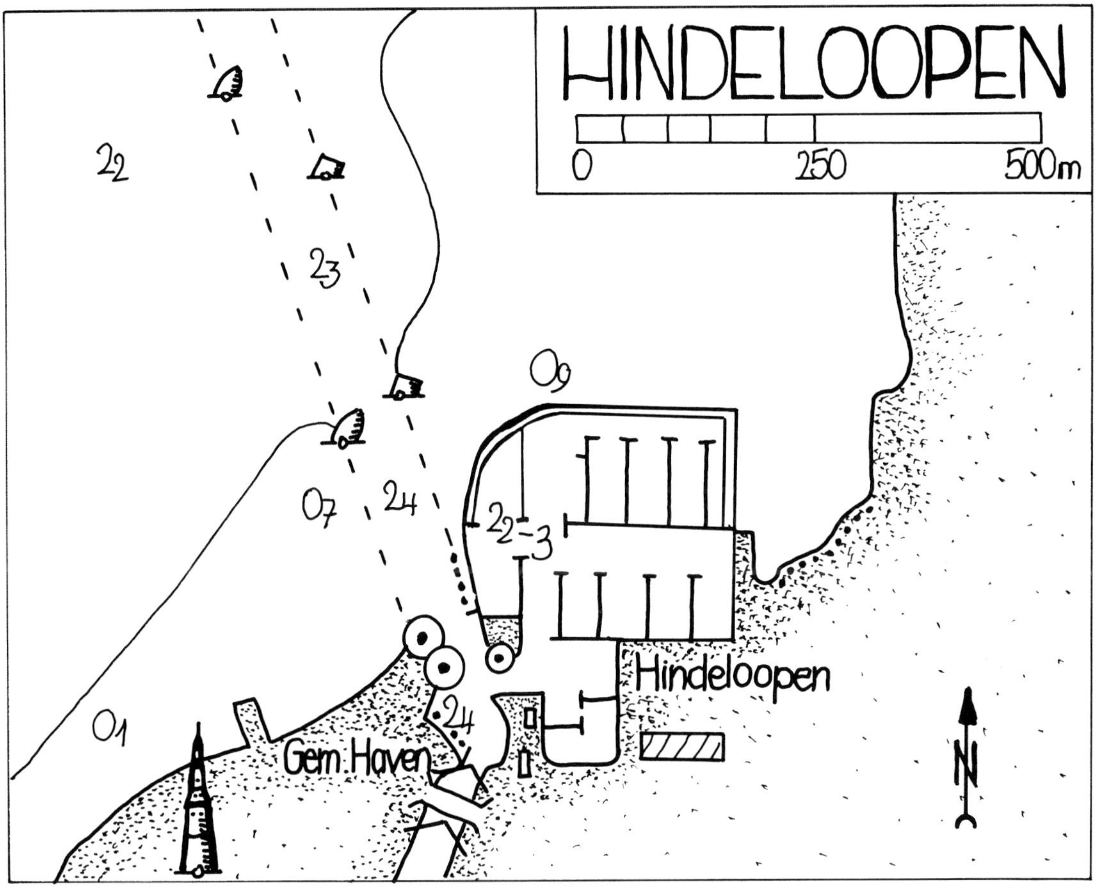

Ansteuerung bei Nacht

Riskant! Auf jeden Fall muß man die Ansteuerungstonne H2-W1, ISO 2 s (Gleichtakt, 2 s, weiß) ansteuern. Danach mit rw 150 ° bis zu den Tonnen H8 / H1. Sind diese nicht eindeutig zu erkennen, muß das Einlaufen unterbleiben! Hat man sie erreicht, so kann man mit 153 ° vorsichtig (Echolot!) weiterlaufen. Die Hafeneinfahrt ist befeuert: Auf dem Osthafendamm ein festes rotes Licht und auf dem Westhafendamm ein festes grünes Licht und ein weißes unterbrochenes Licht (Oc.3 s).

Häfen

Im alten Gemeindehafen, gleich nach der Hafeneinfahrt, gibt es kaum Gastliegeplätze. Unmittelbar nach der Hafeneinfahrt liegt an Backbord die Einfahrt zum Yachthafen von Hindeloopen, der neben den üblichen Einrichtungen einer modernen Marina Sauna, Schwimmbad und Kinderhort bietet.

Versorgung

WC, Duschen, Wasser und Strom am Steg, überdachtes Schwimmbad mit 27 Grad Wassertemperatur, Waschmaschine, Kinderhort,

Hindeloopen: Hafeneinfahrt

Kinderbauernhof, Sauna, Kegelbahn, Tennisplätze, Fitness-Center, Telefon, Yachtausrüster, Travellift bis 30 t, Diesel/Benzin, Flaschengas, Entsorgung für Abfall und Chemietoiletten, Yachtwerft, Motoren-Reparatur.

Hoorn

Karte 1810.2

Ein Seefahrer aus Hoorn, Willem Schouten, segelte als erster um die Südspitze Südamerikas, die nach seinem Heimathafen „Kap Hoorn“ benannt wurde.
Hoorn war ein Hafen der V.O.C., der „Vereinigte Ostindische Compagnie“, und wurde, wie Enkhuizen, mit dieser Gesellschaft reich.
In Hoorn wurden die „Vleuten“ gebaut, die auf Grund ihrer Geschwindigkeit allen anderen Handelsschiffen jener Zeit überlegen waren. Viele historische Bauten erinnern auch heute noch an die glanzvolle Vergangenheit: Am Hafen steht der „Hoofdtoren“, ein Turm der spätmittelalterlichen Stadtbefestigung. Er hat zwei Gesichter: Zum Hafen hin ist er rund und mit Kalkstein verkleidet, zur Stadt hin hat er eine flache Backsteinfassade mit einem Giebel. Sehenswert sind auch das „Stadthuis“ (Rathaus), die Waag (Waage), das Sitzungshaus des Rates von Westfriesland (es beherbergt heute das Westfriesische Museum), die schönen Kaufmannshäuser an der Veermanskade, das Denkmal von Jan Pieterszoon Coen (Gründer der Kolonie Niederländisch Indien und Erbauer der Stadt Batavia) auf dem Platz „Rode Steen“. Und natürlich der „altholländische Markt“, der dort im Juni, Juli und August jeden Mittwoch abgehalten wird.

Hoorn: Hafeneinfahrt

Ansteuerung bei Tag

Die Silhouette von Hoorn ist eindeutig und unverwechselbar:
Rote Ziegeldächer und darüber spitze Türme und eine mächtige Kirchenkuppel, die roten Dächer der Gefängnisgebäude am Hafen. Die Stadt zeigt sich zum Wasser von ihrer schönsten Seite.
Der Buitenhaven hat zwei Einfahrten: Die östliche ist 1,8 m tief, nicht bezeichnet und nicht befeuert; die westliche ist 2,7 m tief, gut bezeichnet und befeuert. Auf dem westlichen Hafendamm steht ein Gittergerüst mit

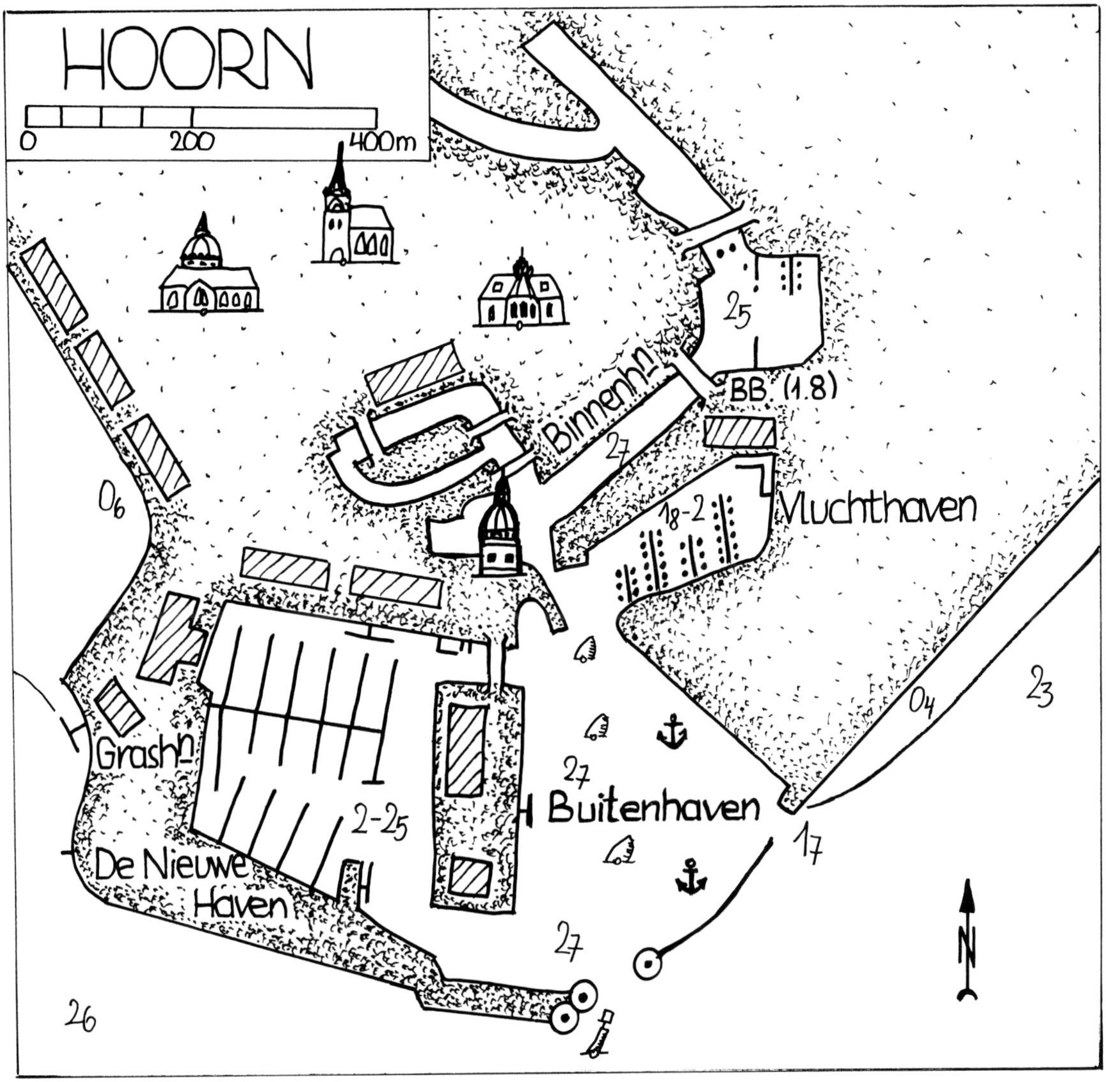

einem Leuchtfeuer und einer Nebelsirene, die jedoch nachts nicht betrieben wird. Kennung: Alle 2 Minuten ein Ton von 25 Sekunden. Der westliche Hafendamm läuft unter Wasser etwa 50 m nach Süden bis zu der roten Bake „H 2", die beim Einlaufen an Backbord bleiben muß.

Ansteuerung bei Nacht

Die westliche Hafeneinfahrt ist befeuert: Rot/fest und grün/fest. Auf dem westlichen Hafendamm steht dicht beim roten Hafenlicht ein weißes Gleichtaktfeuer, 4 s, mit einer Tragweite von 10 sm.

Hoorn: Hoofdtoren

Häfen

UKW-Kanal 9, Anruf: Havenmeester Hoorn. Schiffe über 16 m Länge müssen sich vor dem Einlaufen über UKW melden.

Buitenhaven

Unmittelbar nach der Hafeneinfahrt gelegen, keine Anleger für Yachten, jedoch an Steuerbord Ankerplätze auf etwa 2 m Wasser.

Het Houten Hoofd

Eine hölzerne Anlegerbrücke im Buitenhaven, vor dem runden Turm, reserviert für die traditionellen Schiffe der „bruine vloot“.

Grashaven

Unmittelbar nach der Hafeneinfahrt an Backbord gelegen – ein moderner Yachthafen mit allen notwendigen Einrichtungen.

Vluchthaven

Schon besser! Rundherum im Grünen liegend, der Yachthafen der W.V. Hoorn, 2,3 m tief und sehr ruhig.

Binnenhaven

Der schönste und romantischste Hafen. Man liegt an der Pier, entweder an der Straßenseite vor den alten Giebelhäusern oder an der Parkseite. Diesen Hafen erreicht man durch die Schleuse beim Turm, die meist offensteht.

Werkhafen Schelphoek

Für Yachten nicht zugelassen.

Versorgung

Duschen / WC	Waschmaschine
Flaschengas	Abfallbehälter
Trailer-Slipbahn	Kräne bis 3 t
Motor-Werkstatt	Yachtwerft
Yachtausrüster	Segelmacher
Slipanlage	Entsorg. chem.
Bootslift bis 10 t	Toiletten

Ketelbrug

Karte 1810.3

Diese Brücke verbindet den Noordoostpolder mit Flevoland.

Ansteuerung vom Ijsselmeer

Bei Tage bieten sich die Schornsteine der Flevozentrale, die Stadt Urk und dazwischen die 700 m lange Ketelbrug als Anhaltspunkte an. Die Durchfahrtsöffnungen sind markiert mit gelben Tafeln und Lichtern. Die Durchfahrtshöhe ist IJZP + 12,90 Meter, kann aber durch Windeinfluß bis zu 1 m schwanken. Deshalb ist es in jedem Falle notwendig, vor der Durchfahrt den Brückenpegel an den Brückenpfeilern zu peilen (siehe Foto) und auch die Wellenhöhe zu berücksichtigen.

Die nicht bezeichneten Durchfahrten sind niedriger und fallen zum Ufer hin bis auf 9 Meter ab!

Der bewegliche Teil der Brücke wird nur für Schiffe geöffnet, die für die festen Öffnungen zu hoch sind. Bei auflandigem Starkwind (8 Bf und mehr) wird die Brücke von Sonnenaufgang bis Sonnenuntergang bedient.

UKW-Kanal 18. Anruf: Ketelbrug. Öffnungszeiten: Täglich von 08.30–12.00, 13.30–16.00 und 18.30–20.30 Uhr.

Etwa 0,4 sm südöstlich der Brücke stehen drei Hochspannungsmasten im Wasser. Siehe Karte 1810.5

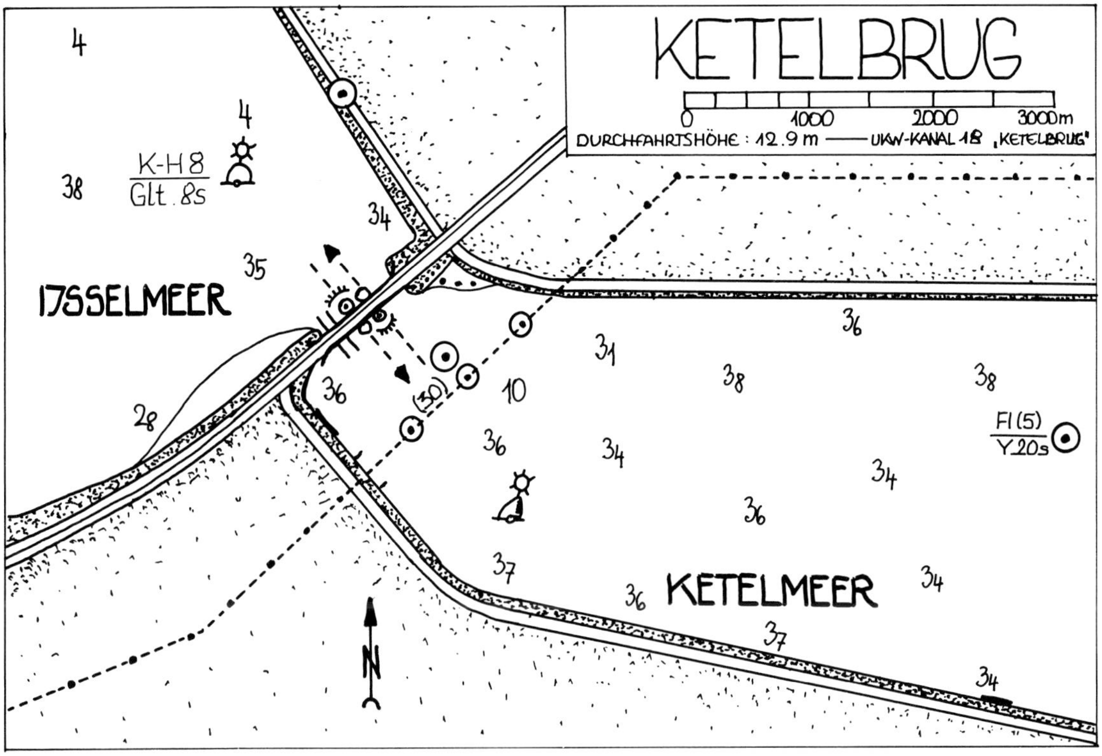

Bei Nacht sollte man erst die Leuchttonne K-H 8 ISO 8 s (Gleichtakt, weiß, 8 s) anlaufen und dann auf die mit einem weißen Licht bezeichnete Durchfahrt halten.

Ansteuerung vom Ketelmeer Karte 1810.5

Bei Tage hält man auf den mittleren der drei Hochspannungsmasten, läßt diesen an Steuerbord und nimmt dann Kurs auf die bezeichnete Durchfahrt.

Bei Nacht wird man zuerst auf den südlichen der drei Hochspannungsmasten halten, der mit einem weißen Blinkfeuer (Fl 2 s) versehen ist. 0,4 sm davor liegt die Leuchttonne KM/ISO 4 s (Gleichtakt 4 s, grün.) Von dieser Leuchttonne läuft man zwischen dem südlichen und dem mittleren Hochspannungsmast hindurch zu der mit einem weißen Licht bezeichneten Durchfahrt.

Ketelbrug

Kornwerderzand Karte 1810.3 / 1810.6

Kornwerderzand ist eine ehemalige Arbeitsinsel, die zum Bau des Abschlußdeiches angelegt wurde. Auf ihr befinden sich Entwässerungsschleusen, die „Lorenzsluis" mit den großen Vorhäfen, alte Bunker aus dem zweiten Weltkrieg und noch die Wohnhäuser der Arbeiter, die den Abschlußdeich gebaut ha-

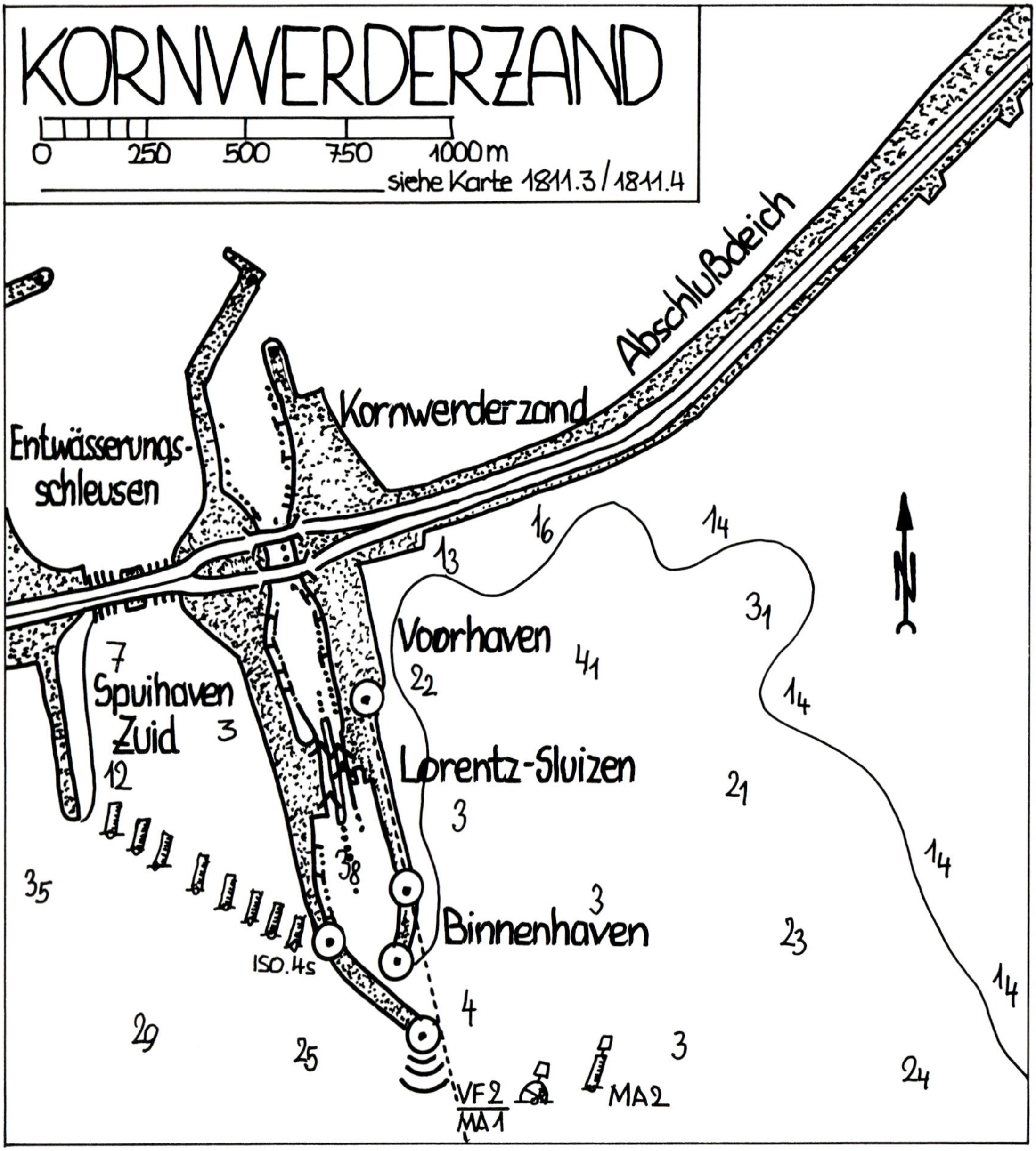

ben. Der „Spuihafen Zuid“ vor den Entwässerungsschleusen darf nicht befahren werden und ist durch gelbe Tonnen gesperrt. Wenn die Entwässerungsschleusen geöffnet sind, werden am Tage eine blaue Flagge, bei Nacht drei rote Lichter in der Form eines gleichschenkeligen Dreiecks gezeigt.

Ansteuerung bei Tag Karte 1810.3

Das „Vaarwater langs de Friese kust“, beginnend mit der roten Tonne VF 20 (1,4 sm westlich von Stavoren), führt direkt vor den Binnenhafen. Der gesamte Schleusenkomplex mit den Bunkern ist deutlich erkennbar.

Kornwerderzand: Ijsselmeerseite

Nebelsignale

Nautofoon auf der Ijsselmeerseite:
1 Ton von 3 s, Pause von 1 s, 1 Ton von 3 s, Pause von 1 s, Ton von 1 s, Pause von 1 s, Ton von 1 s, Pause von 19 s.
Nautofoon auf der Wattenmeerseite:
1 Ton von 5 s, Pause von 2 s, 1 Ton von 2 s, Pause von 21 s.
In der Pause von 21 s ertönt das Signal von der Ijsselmeerseite!

Ansteuerung bei Nacht Karte 1810.6

Das „Vaarwater langs de Friese kust“ ist

Kornwerderzand: Buitenvoorhaven - Einfahrt

durch Leuchttonnen bezeichnet. Bei der Leuchttonne VF 5 ISO 8 s (Glt gn 8 s) gelangt man in die eigentliche Zufahrt, die mit Hilfe der weißen Gleichtaktfeuer (ISO 4 s) auf rw 348 ° vor den Binnenhafen führt. Die Molenköpfe der Hafeneinfahrt sind mit je einem festen roten bzw. grünen Licht befeuert (Detailkarte 1810.6).
In der Einfahrt hält man sich im grünen Sektor des Gleichtaktfeuers (ISO 4 s) auf dem westlichen Hafendamm.

Häfen auf Kornwerderzand

Im Binnenhafen gibt es an der Westseite Liegeplätze, an denen man übernachten und auch besseres Wetter abwarten darf. Im Voorhaven (auf der Wattenmeerseite) sind ebenfalls Liegeplätze vorhanden. In beiden Häfen dürfen die Schiffe nicht unbewacht liegen und müssen nachts ein weißes Licht führen.

Schleusen

Es gibt zwei Schleusenkammern. Ein weißes festes Licht und daneben ein weißes Funkelfeuer zeigen an, in welche Schleuse man ein-

fahren soll. Die Schleusen werden von 0–24 Uhr durchgehend kostenlos bedient.
UKW-Kanal 18. Anruf: „Lorentzsluizen“. Schiffe mit mehr als 2,7 m Tiefgang müssen sich über UKW anmelden. Tel. Schleusen- und Hafenmeister: 05177/441.
Durch die Schleusen gelangt man vom Ijsselmeer auf das Tidenrevier der Waddenzee:
- Niedrigwasser: = NAP — 1,30 m
- Hochwasser Springzeit: = NAP + 0,94 m
- Hochwasser Nippzeit: = NAP + 0,67 m
- Wassertiefe im Vorhafen: 2,6 m bei NW.

Versorgung

Trinkwasser	Trailer-Slipbahn
Abfallbehälter	Telefon

Houtribsluizen Karte 1810.3 + 1810.2

Die Houtribsluizen sind eine der beiden Verbindungen zwischen dem nördlichen und dem südlichen Teil des Ijsselmeeres. Sie liegen am östlichen Ende des quer durch das Ijsselmeer gebauten Houtribdeiches. Die andere Verbindung ist die Krabbersgatsluis bei Enkhuizen. Auf der Schleuse befindet sich der „Zentrale Meldeposten Ijsselmeer“. Er ist zur Meldung von Notfällen Tag und Nacht erreichbar über
- Telefon (03200) 6 11 11 oder
- UKW-Kanal 20. Anruf: Sluis Houtrib (Reichweite begrenzt – ca. 5 km).

Ansteuerung von Norden Karte 1810.3

Bei Tag recht einfach: Die 147 Meter hohen Schornsteine der „Flevocentrale“ am Ost-Ufer, 6 sm nordöstlich der Schleuse, der 140 Meter hohe Sendeturm und die Schleusen sind unverwechselbar und gut zu erkennen. Man gelangt fast zwangsläufig zwischen den Deichen bis vor die Schleuse.
Ein Nautofoon (Nebelschallsender), Kennung (3) 15 s, steht auf dem Leuchtfeuer vor der Flevozentrale (siehe Karte 1801).
Nachts sind die Schornsteine der Flevozentrale und der Sendemast mit festen roten Lichtern befeuert. Die Zufahrt ist gut befeuert, und die Schleusen sind hell erleuchtet. Die Ansteuerungsleuchttonne HR-A LFI 10 s zeigt ein weißes Blinkfeuer je 10 s. Mit rw 225° läuft man zu der Leuchttonne HR-B, Oc. 6 s (Ubr w 6 s).
Bei der Flevozentrale stehen ein weißes Gleichtaktfeuer (ISO 4 s) und ein Nautofoon (Nebelschallsender) mit der Kennung (3) 15 s (siehe Karte 1801).
Auf der Ecke des Houtribdijk steht ein Blinkfeuer „Commissarislicht“ mit der Kennung

Houtribsluizen

FL (3) 10 s. Man halte sich im weißen Sektor. Auf dem Damm der Marina Lelystad (Flevo Marina) stehen im Anschluß an die Befeuerung der Einfahrt (Festfeuer rot/grün) zwei rote Lichter: LFI 10 s (Blk 10 s rot) und ISO 4 s (Glt 4 s rot).

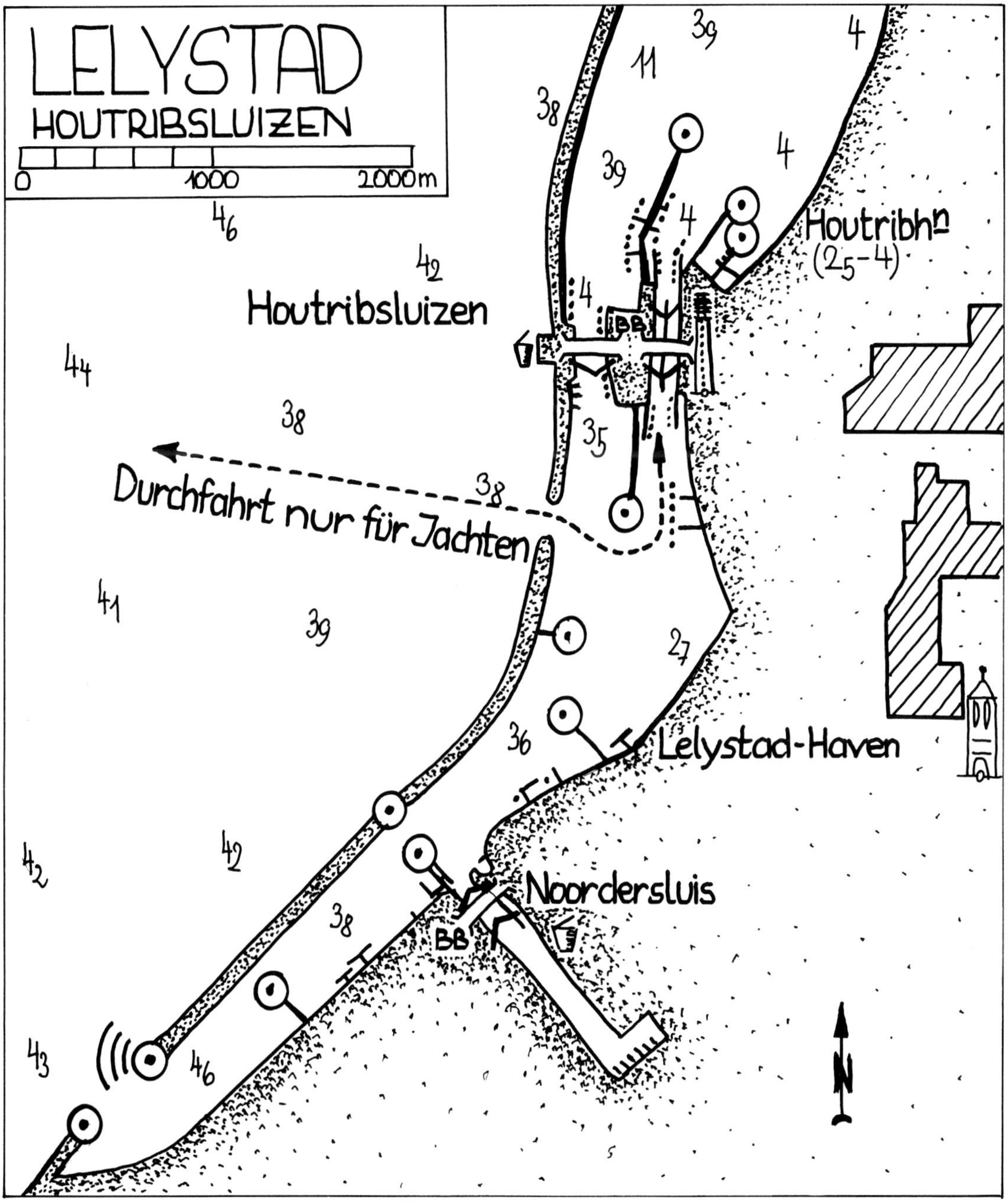

Ansteuerung von Süden Karte 1810.2

Es gibt zwei Einfahrten. Die nördliche Einfahrt ist nur für Yachten, die südliche für alle Fahrzeuge zugelassen.
Am Tag kann man nach Sicht beide Einfahrten befahren. Bei auflandigem Wind ist die südliche Einfahrt vorzuziehen, da etwa 1 km nordwestlich davor die Leuchttonne L-S (LFI weiß 10 s) ausgelegt ist. Kurs zur Einfahrt: rw 137°.
Auf der südwestlichen Mole des Hafendammes steht ein Nautofoon (Nebelschallsender, siehe Karte 1810.1).
Nachts kann man nur die südliche Einfahrt anlaufen, denn nur diese ist befeuert: Je ein festes rotes und grünes Licht. Anlaufen von der Leuchttonne LS LFI 10 s (Blk w, 10 s) mit rw 137°.
Nach dem Einlaufen achte man auf die drei Querdämme, die rot befeuert sind (Karte!). Das sind keine Fahrwassertonnen – sie müssen an Steuerbord bleiben! Das grüne Gleichtaktfeuer (ISO 4 s) auf dem Querdamm an Backbord ist vor der hellerleuchteten Schleuse nur schwer zu sehen.

Schleuse

Zu beiden Seiten der Schleuse sind an der Backbord- und Steuerbordseite Anleger vorhanden, die auch von Berufsfahrzeugen benutzt werden.
Ein weißes festes Licht und daneben ein weißes Funkelfeuer zeigen an, in welche Schleuse man einfahren soll: In die Schleuse an der Seite des Funkelfeuers. Die Schleuse wird von 0–24 Uhr bedient.
UKW-Kanal 20. Anruf: Sluis Houtrib.

Lelystad Houtribhaven

Der Houtribhaven liegt etwa 500 m nordöstlich der Houtribsluizen. Er wird von der W.V. Lelystad unterhalten.

Ansteuerung

Wie zu den Houtribsluizen. Nachts ist die Hafeneinfahrt mit je einem festen roten und grünen Licht befeuert.

Versorgung

Clubhaus mit Restaurant, WC, Duschen, Waschmaschine, Yachtausrüster, Lebensmittelgeschäft, Fahrrad-Vermietung, Kinderspielplatz, Diesel, Wasser und Strom am Steg, Motorenwartung, GFK-Reparaturen, Kran bis 9 t mit stehendem Mast, Slipbahn, Telefonzelle, Entsorgung für Chemietoiletten und Altöl.

Lelystad/Flevo Marina Karte 1810.3

Moderne Marina, etwa 2 sm nordöstlich der Houtribsluizen am „Houtribhoek“ gelegen.

Lelystad, Flevo Marina, im Hintergrund die Houtrib-Spülschleusen

Ansteuerung

Siehe Houtribsluizen. Die Hafeneinfahrt ist befeuert:
Je ein festes rotes und grünes Licht. Auf dem Hafendamm stehen 2 rote Lichter: An der Westecke ISO 4 s (Glt rot 4 s). Östlich davon LFI 10 s (Blk r 10 s).

Versorgung

WC, Duschen, Waschsalon, Sauna, Fahrrad-Vermietung, Kindergarten, Lebensmittelgeschäft, Restaurant, Yachtausrüster, Trailer-Slipbahn, Taklerei, Motorenwartung, Segelmacher, Diesel, Benzin, Bootslift bis 50 t mit stehendem Mast, Entsorgung für Chemietoiletten.

Lelystad-Haven

Karte 1810.2

Etwa 1,5 sm südlich der Houtribsluizen, vor der Einfahrt zur Noordersluis gelegen. Es sind einfache Anleger, an denen man dem Schwell der Berufsschiffahrt ausgesetzt ist und somit sehr unruhig liegt.

Versorgung

Diesel / Benzin
Abfallbehälter
Segelmacher
Yachtausrüster
Slipbahn
Waschmaschine
WC / Duschen
Kran
Motor-Werkstatt
Travellift
Flaschengas

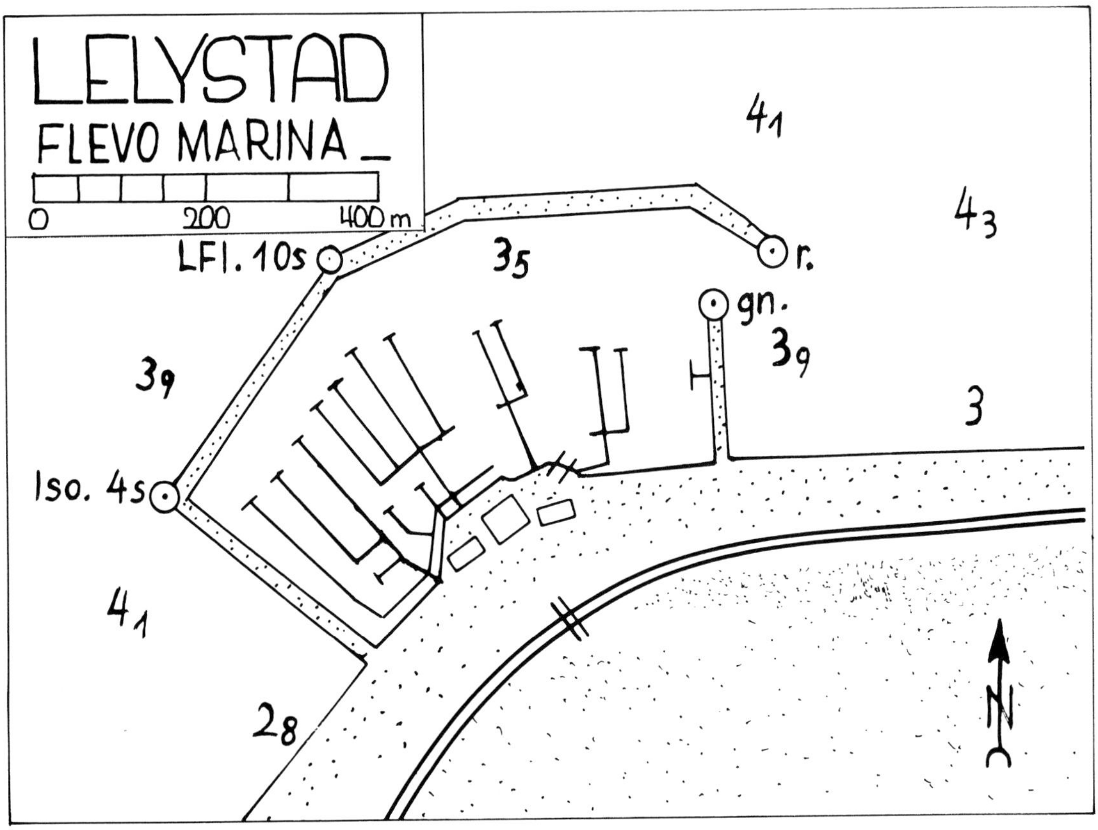

Lemmer

Karte 1810.3 + 1810.6

Lemmer liegt an der Zijlroede, einem Fahrwasser, das man vom Ijsselmeer durch die 100 Jahre alte Lemstersluis erreicht und das in den Prinses Margrietkanal mündet.
Diesen Kanal, der durch die friesische Seenplatte über Groningen – Delfzijl zur Ems führt, kann man auch durch die Prinses Margrietsluis, ca. 2 sm westlich der Stadt, erreichen und so die Stadt umfahren. Die Berufsschiffahrt nimmt fast ausschließlich diesen Weg, so daß der Weg durch die Stadt fast nur noch von der Sportschiffahrt befahren wird.
Lemmer ist ein hübsches, betriebsames Städtchen, das im vorigen Jahrhundert der wichtigste Hafen Frieslands war. Heute ist es das führende Wassersportzentrum in Friesland.
In Lemmer wurde auch die unter den Liebhabern traditioneller Schiffe bekannte „Lemsteraak“ von der Werft de Boer, die leider nicht mehr existiert, entwickelt und gebaut.
Das Altertumsmuseum von Lemmer, Nieuwburen 1, ist von April bis Oktober Mo–Fr von 09.30–12.00 und von 13.00–16.00 Uhr geöffnet.
Lemmer liegt bei Starkwind aus Südwest auf Legerwall! In der Bucht baut sich dann ein grober Seegang auf, der das Einlaufen erschwert und das Auslaufen (etwa ab 7 Bf) unmöglich machen kann.

Ansteuerung bei Tag

Die Anfahrt nach Lemmer ist gut betonnt: Das Fahrwasser dicht am Noordermeerdijk wird von der Berufsschiffahrt bevorzugt und führt direkt zur Prinses-Margriet-Schleuse. An Steuerbord, am „Friese Hoek“, steht ein Leuchtturm (ISO, 4 s, 12 m, 8/5 M).

Die Sportschiffahrt ist nicht auf das Fahrwasser angewiesen, sollte aber die Tonnenreihe der „Steile Bank“ im Norden der Bucht beachten.
Spätestens beim Leuchtturm „Friese Hoek“ sollte auf der Karte 1810.6 navigiert werden. Das Fahrwasser „Lemstergeul“ ist ebenfalls gut betonnt und führt bis vor den Industriehafen, dessen Kräne und Hallen schon vom Friese Hoek zu sehen sind. An der Steuerbordseite der Einfahrt zum Industriehafen liegt der große Yachthafen „Friese Hoek“. Auf dem Weg durch die Lemstersluis in die Stadt bleibt dieser Yachthafen an Backbord. Man fährt also um ihn herum und gelangt so in den Buitenhaven vor die Lemstersluis.

Lemmer: Einfahrt zum Buitenhaven

Ansteuerung bei Nacht

Von Nordwesten oder Westen kommend bieten sich die roten Leuchttonnen VZ 6 bis SB 10 südlich der „Steile Bank“ und das Leuchtfeuer auf dem Friese Hoek ISO 4 s 12 m, 8/5 M (weißes Gleichtaktfeuer, 4 s mit einem roten Sektor) an. Dabei darf man, beginnend bei der Leuchttonne SB 4, keinesfalls nördlich des roten Sektors segeln!

Von Südwesten oder Süden kommend bietet das Leuchtfeuer auf dem Rotterdamse Hoek (Gleichtaktfeuer, 4 s mit roten Sektoren zum Deich) einen ersten Anhaltspunkt. Danach bieten sich die Leuchttonne L-NM FLI 10 s (Blinkfeuer, 10 s) und die weißen Gleichtaktfeuer in Linie, 8 s, an, die mit rw 38° zur Prinses Margriet Schleuse führen.

Nach Passieren des Leuchtfeuers auf dem Friese Hoek (Gleichtakt, 4 s) zweigt nach Steuerbord – noch vor der Leuchttonne KL5/VL2 (Funkelfeuer grün) – das Fahrwasser „Lemstergeul“ ab mit weißen Gleichtaktfeuern (8 s) in Linie auf rw 83°. Es geht nach dem rot-grünen Quermarkenfeuer auf dem Noordermeerdijk in eine *grüne* Feuerlinie (Oberfeuer Gleichtakt, 4 s *grün:* Unterfeuer fest *grün)* über und führt mit rw 65° vor den Industriehafen.

Unmittelbar vor dessen Einfahrt liegt an Steuerbord ein Querdamm, auf dem das Unterfeuer (weiß) der Feuerlinie Lemstergeul

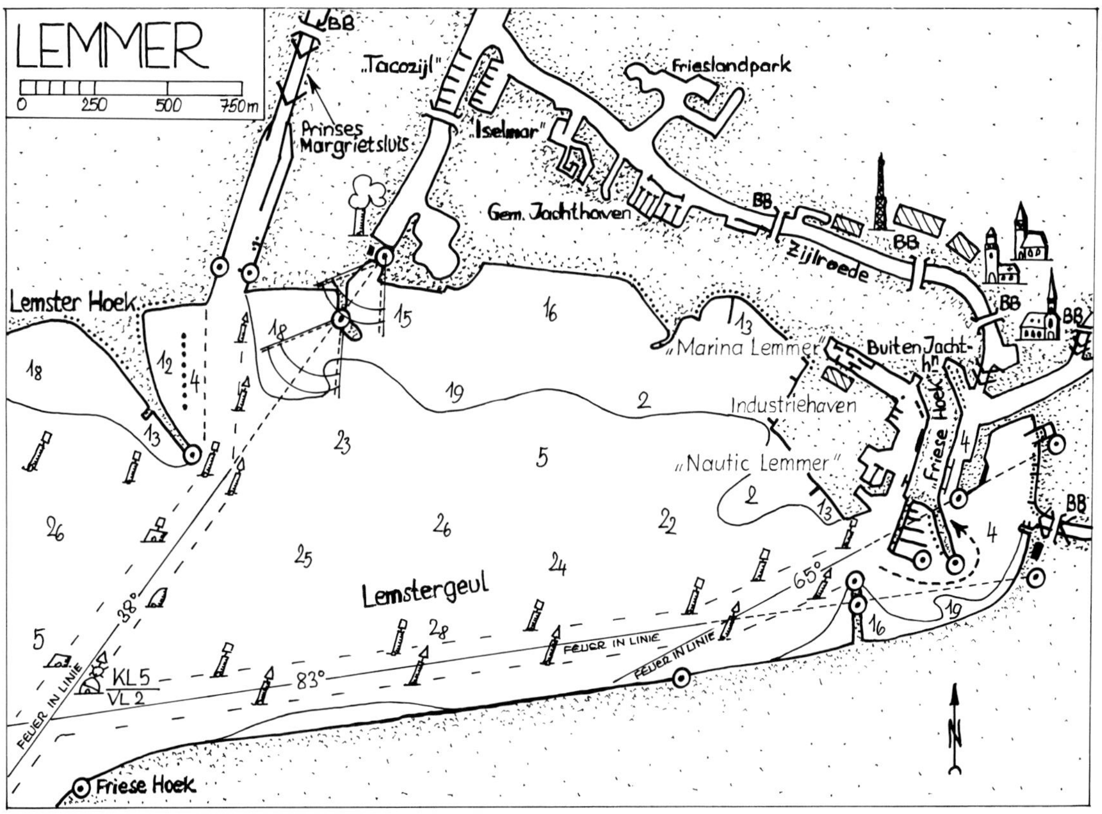

(83 °) und daneben ein grünes Gleichtaktfeuer (ISO 4 s) stehen. An Backbord voraus steht auf dem Hafendamm des Yachthafens Friese Hoek ein weißes Gleichtaktfeuer (ISO 4 s). Das Fahrwasser zur Lemstersluis führt zwischen diesen Gleichtaktfeuern „grün" und „weiß" hindurch. An Backbord folgen sogleich das rote feste Licht und das grüne feste Licht der Einfahrt zum Buitenhaven. Letzteres ist gleichzeitig das Unterfeuer der o.a. Feuer (grün) in Linie rw. 65 °.

Schleusen

Die Prinses Margrietsluis wird von der Berufsschiffahrt sehr stark benutzt, so daß hier auch an Werktagen Wartezeiten möglich sind. Die Schleuse wird von Montag 04.00 Uhr bis Sonnabend 20.00 Uhr durchgehend kostenlos bedient, bleibt aber sonntags geschlossen. Die Brücke über der Schleuse wird bei Starkwind von mehr als 6 Bf nicht mehr bedient.
UKW-Kanal 20. Anruf: Prinses Margrietsluis.

Lemmer: Lemstersluis

Die Lemstersluis wird an Werktagen von 07.00 bis 21.00 Uhr, (Sa. bis 20.00 Uhr), sonntags von 08.30–12.00, 14.00–17.30 und von 18.00–20.00 Uhr bedient.
An den Sommer-Wochenenden muß man mit Wartezeiten rechnen: Sonnabends nach buten, Richtung Ijsselmeer, sonntags nach binnen.
Die Brücken über die Zijlroede zum Prinses Margrietkanaal sind alle beweglich, so daß man mit stehendem Mast durch die Stadt fahren kann.

Häfen

Im Industriehafen gibt es Liegeplätze im „Jachthaven International Nautic Center" und im Yachthafen „Marina Lemmer".
Daneben, vor dem Buitenhaven, liegt der Yachthafen „Friese Hoek" und an Backbord, vor der Lemstersluis, der Buiten-Jachthaven.
Hinter der Schleuse, in der Stadt, gibt es zunächst den alten Binnenhafen und danach zahlreiche Anlegemöglichkeiten längs der „Zijlroede". Dort ist es immer etwas wühligbetriebsam, aber interessant und doch gemütlich.
Weiter stadtauswärts in Richtung Prinses Margrietkanaal gibt es noch den Gemeinde-Yachthafen und die Häfen „Iselmar" und „Tacozijl"

Versorgung

Diesel / Benzin	Trailer-Slipbahn
Flaschengas	Yachtwerften
Abfallbehälter	Motor-Werkstatt
Duschen / WC	Segelmacher
Restaurants	Kran
Travellift	Trinkwasser
Waschmaschine	

Makkum

Karte 1810.3

Makkum ist ein kleines, ehemaliges Bauerndorf, das heute vor allem durch die Schiffs- und Yachtbau sowie durch seine Töpferwaren – sie werden hier seit dem 17. Jahrhundert hergestellt – bekannt ist.

Ansteuerung bei Tag

Man folgt dem „Vaarwater langs de Friese kust“ bis zu der roten Tonne VF 4 (Karte 1810.6) und läuft mit rw 80° zu der grünen Leuchttonne MA 7 (Gleichtakt, 4 s).
Von Kornwerderzand kann man auch der Tonnenreihe MA 2 bis MA 7 folgen. In jedem Falle muß man auf die vorgelagerten flachen, harten Sände der Makkumer Noordwaard und der Makkumer Zuidwaard achten. Das auf 4,0 m Wassertiefe ausgebaggerte Fahrwasser nach Makkum, das „Makkumerdiep“, ist ausreichend betonnt und führt mit rw 92° bis in den Hafen.

Zufahrt in das Makkumerdiep

Ansteuerung bei Nacht

Zunächst muß man die Leuchttonne MA 7, ISO 4 s (Glt. gn. 4 s) anlaufen. Auf rw 92° gelangt man mit Hilfe zweier Feuer in Linie (Oberfeuer grün fest, Unterfeuer rot fest) in die mit je einem roten und grünen festen Licht befeuerte Einfahrt zum Makkumerdiep und weiter bis in den Hafen.

Häfen

An der Südseite des Makkumerdiep liegt ein kleiner Yachthafen mit einer Wassertiefe von 2 m. Etwas weiter nach binnen liegen an der Südseite die Marina Makkum und danach der Prins Yacht Club. Beide Häfen sind sehr gut eingerichtet. Der nach Norden erweiterte Gemeinde-Yachthafen ist im Visserhaven untergebracht.

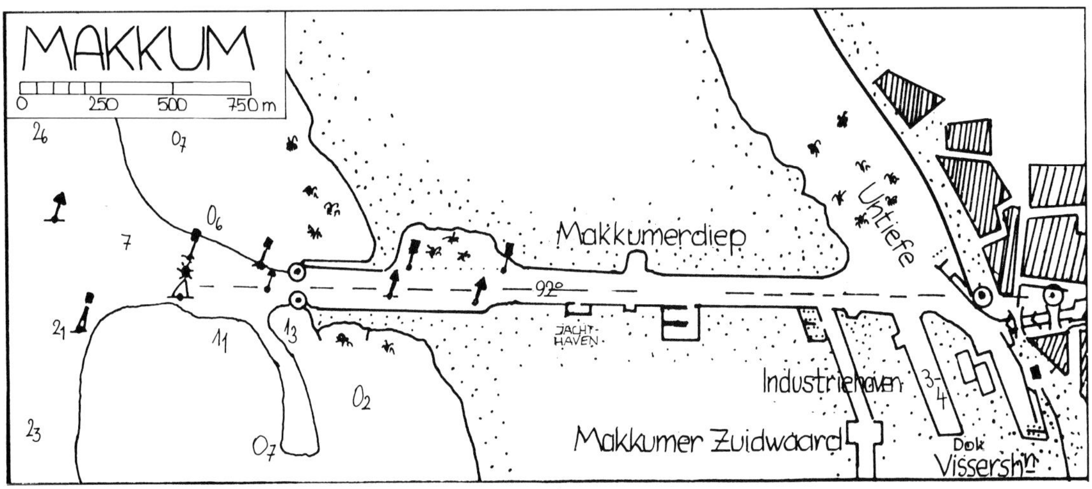

Im Fischereihafen liegt man an einem Anleger gegenüber der Werfthalle AMEL. Der Industriehafen ist wenig einladend.

Versorgung

WC/Duschen, Diesel/Benzin, Bootslifte, Kräne bis 25 t, Trailer-Slipbahn, Wasser, Strom z.T. am Steg, Waschmaschine, Restaurants, Segelmacher, Yachtausrüster, Yachtwerften, Motoren-Werkstatt.
Entsorgung: Abfall und Chemietoiletten.

Medemblik

Karte 1810.3

Medemblik ist die älteste der drei Hafenstädte von Westfriesland, erlangte aber nie die Bedeutung von Hoorn und Enkhuizen. Es erhielt die Stadtrechte im 13. Jahrhundert von Graf Floris V. von Holland, der hier im Jahre 1288 die Zwingburg „Kastell Radboud" gegen die aufsässigen Westfriesen erbaute. Sie steht dort, wo der Friesenkönig Radboud nach der Überlieferung eine Befestigungsanlage errichtet hatte, um sein Land gegen die Franken zu schützen. Bis zu ihrer teilweisen Renovierung im Jahre 1965 war sie eine Ruine, heute ist sie eine sehenswerte Wasserburg – direkt an der Hafeneinfahrt gelegen.
Das Schönste an Medemblik ist der Hafen mit den alten Giebelhäusern auf der einen und der parkartigen Allee auf der anderen Seite.
Auf der Seekarte erkennt man vor Medemblik drei blaue Kreise, mit A, B und D bezeichnet. Das sind die Regattabahnen, auf denen alljährlich, mit über 800 teilnehmenden Yachten, die größten Wettfahrten von Holland, die „24 Stunden von Medemblik", ausgesegelt werden.
Es gibt ein Dampfmaschinenmuseum, das von Juli bis August täglich von 11.30–17.00 Uhr geöffnet ist, und eine Dampfeisenbahn, auf der man bis nach Hoorn fahren kann. Auskunft und Reservierung: Tel. 02290-1 48 62.

Medemblik: Links die Hafeneinfahrt

Ansteuerung bei Tag

Bei Tage gibt es keine Schwierigkeiten: Die beiden Kirchtürme von Medemblik und, eben nördlich der Stadt, das große weiße Pumpwerk „Lely" sind gut zu sehende Landmarken. Südlich von Medemblik bieten die Kirchtürme von Wervershoof und Andijk gute Anhaltspunkte.
Etwa 3,5 sm NO-lich der Stadt liegt bei der Tonne WP 10 eine Untiefe, die nicht bezeichnet ist.
Etwa 5 sm östlich der Stadt liegt das Fischereigebiet „het Hop", das recht gut betonnt ist. Südlich der Hafeneinfahrt beginnt eine flache Uferzone, die bis 0,4 sm breit ist und sich bis nach Andijk erstreckt.

Auf der südlichen Hafenmole steht ein Nautofoon (Nebelschallsender mit der Kennung (2) 15 s – siehe Karte 1810.1). UKW-Kanal 9. Anruf „Havenkantoor Medemblik".

Ansteuerung bei Nacht

Die Untiefe 3,5 sm nordöstlich der Stadt ist nicht mehr bezeichnet. Die Untiefe (2 m) liegt praktisch in der Peilung Leuchttonne WP8 (Glt. 8s) mit dem Leuchtfeuer Zeughoek.

Das Fischereigebiet östlich der Stadt ist dagegen sehr gut befeuert und kann somit leicht umsegelt werden.

Anhaltspunkte bieten die Leuchtfeuer „de Ven" (Blitzfeuer, 10 s mit weißen und roten Sektoren) und „Zeughoek" (Glt. weiß, 10 s). Die Hafeneinfahrt ist befeuert: Je ein festes rotes und grünes Licht.

Auf dem westlichen Hafendamm steht ein weißes unterbrochenes Licht. Es steht nicht in Linie mit dem roten festen Licht der Hafeneinfahrt! Es führt in die Hafeneinfahrt,

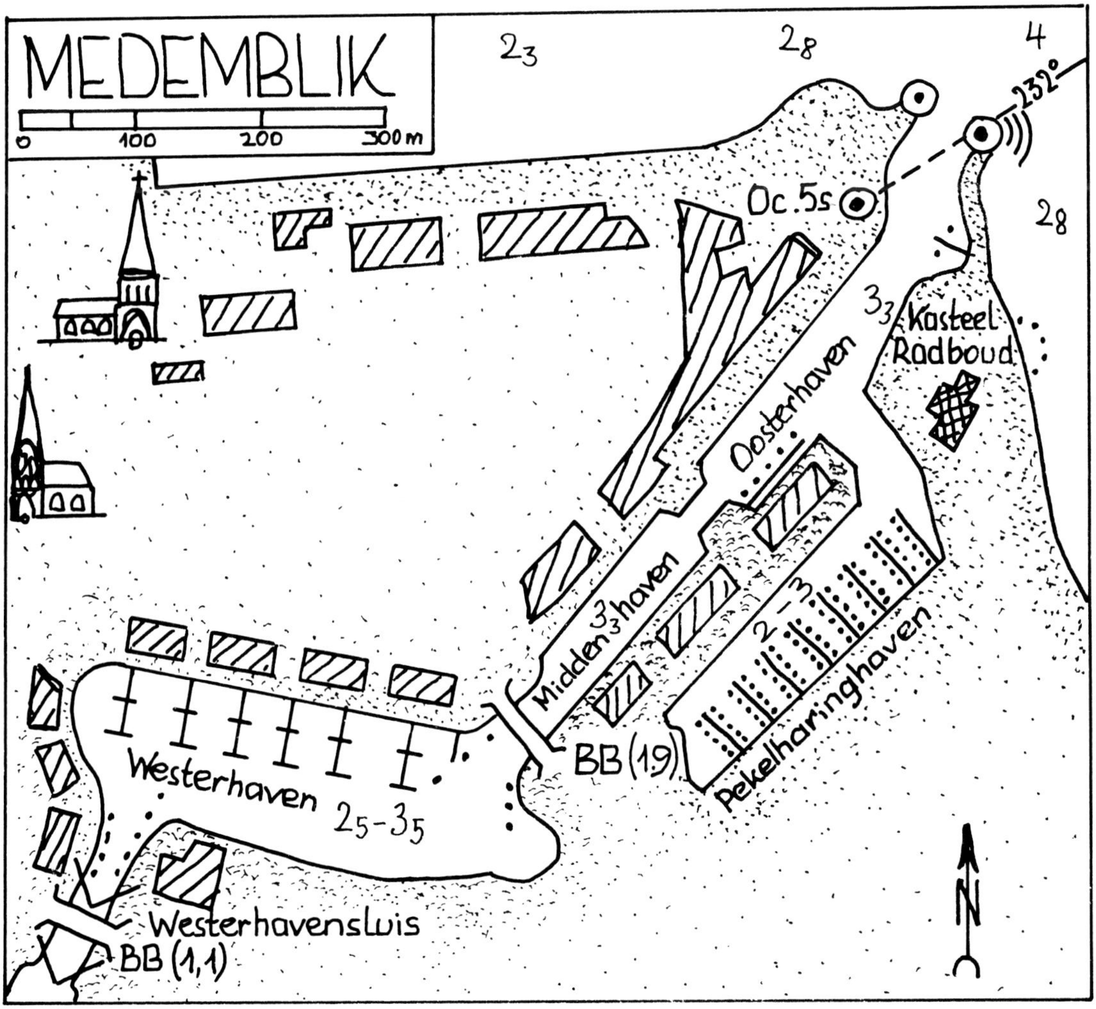

wenn es auf rw 232° angesteuert wird (siehe Detailkarte Medemblik 1810.3).

Häfen

Der erste Hafen, der Oosterhaven, ist für die Berufsschiffahrt reserviert. Hier liegen die großen Segler und die Fähre nach Enkhuizen. Danach folgt der Middenhaven, hier liegt man meist im Päckchen an der Pier. Hinter der Hebebrücke im Westerhaven befindet sich ein gut eingerichteter und vorbildlich geführter Yachthafen.
Wer die Öffnung der Brücke nicht abwarten will, kann einlaufend backbord, dicht beim Schloß Radboud, in den neuen „Pekelharinghaven" laufen. Diese neue Marina bietet jeden Service und 240 Liegeplätze für Yachten bis 15 m Länge.

Schleuse

Die Westerhavenschleuse ermöglicht den Zugang zu den nordholländischen Binnenfahrwassern. Siehe Almanak, deel 2, unter „Wieringermeerpolder".

Versorgung

Diesel/Benzin	Waschmaschine
Flaschengas	Trailer-Slipbahn
Abfallbehälter	Yachtwerft
Duschen/WC	Motor-Werkstatt
Restaurant	Segelmacher
Yachtausrüster	Travellift
Telefon	Trinkwasser

Kräne bis 10 t mit stehendem Mast

Oosterdijk-Bucht Karte 1810.3

Oosterdijk ist ein kleines Dorf, 5 km nordwestlich von Enkhuizen. Es gibt dort eine fast 1 km tief ins Land reichende Bucht, die sich als Ankerplatz anbietet. Die Pier am

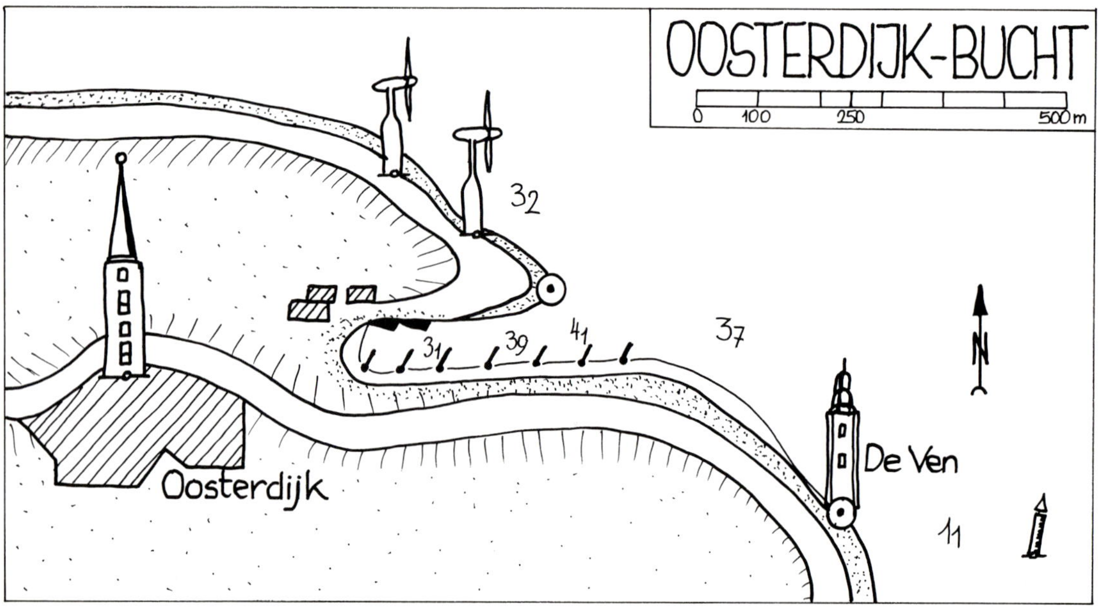

Osterdijk: Geschützt gegen Winde aus SW bis NW

nordwestlichen Ufer der Bucht ist Teil einer Fabrikanlage und für Yachten nicht zugelassen.

Ansteuerung bei Tag

Anhaltspunkte sind der Leuchtturm „De Ven“ südlich der Bucht und zwei große Windgeneratoren nördlich der Bucht.

Ansteuerung bei Nacht

Nachts hilft das Leuchtfeuer „De Ven“ (Blitzfeuer 10 s mit grün/weiß/roten Sektoren) bis unmittelbar vor die Bucht. Auf der Nordmole steht ein grünes Gleichtaktfeuer (2 s).

Oude Zeug

Karte 1810.3

Dies ist ein kleiner ehemaliger Bauhafen, der zum Bau des Wieringermeerpolder angelegt wurde. Er liegt etwa 5 sm nördlich von Medemblik.

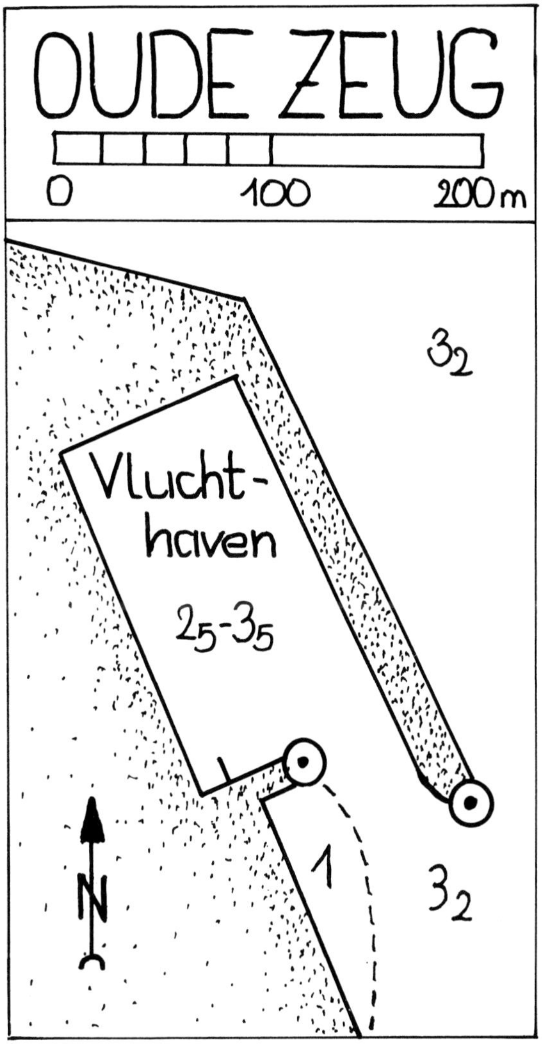

Ansteuerung bei Tag

Anhaltspunkt ist der Leuchtturm Zeughoek, etwa 0,8 sm südlich des Hafens. Die Hafeneinfahrt liegt auf der Südostseite des Hafens. Man kann seine Lage auch an den Umschlag-Einrichtungen an der Nordseite erkennen.

Ansteuerung bei Nacht

Hier bietet sich zunächst der Leuchtturm Zeughoek (Gleichtaktfeuer, 10 s, weiß mit roten Sektoren) an. Zu beachten sind aber einige unbeleuchtete Tonnen südlich des Hafens. Besondere Aufmerksamkeit erfordert die nicht bezeichnete Untiefe ca. 2,6 sm südöstlich des Leuchtfeuers Zeughoek. Die Hafeneinfahrt ist mit je einem roten und grünen festen Licht befeuert.

Hafen

Der Hafen hat eine Wassertiefe von 3,2 m in der Einfahrt, 3,5 m im Hafenbecken und 3,0 m längs der eisernen Spundwand an der N- und NW-Seite. Ein Pegel ist vorhanden. Liegeplätze gibt es nur an der Spundwand. Die übrigen Ufer sind untief und unrein. Tel. Hafenmeister: 02272/14 44

Versorgung

Abfallbehälter

Schardam

Karte 1810.2

Schardam liegt etwa 2,5 sm südlich von Hoorn. Es ist ein kleiner Sielhafen vor der Entwässerungsschleuse Kennemerland. Der Hafen hat keine Verbindung ins Landesinnere.

Ansteuerung bei Tag

Anhaltspunkt ist eine kleine Kapelle auf dem Deich. Das Fahrwasser zum Hafen ist betonnt und muß eingehalten werden, da es außerhalb sehr flach ist.

Schardam: Hafeneinfahrt

Der nördliche Hafendamm läuft unter Wasser noch etwa 40 m seewärts weiter und ist nicht bezeichnet!

Ansteuerung bei Nacht

Das Anlaufen ist nachts praktisch nicht möglich, da das Fahrwasser und der Hafen nicht befeuert sind. Es gibt keine Möglichkeit, den unter Wasser liegenden Teil des nördlichen Hafendammes zu erkennen.

Hafen

Der Hafen ist etwa 1,7 m tief. In der Einfahrt liegt ein Drempel, der den Tiefgang auf 1,4 m begrenzt!

Versorgung

Trinkwasser   Trailer-Slipbahn bis 2 to.

Stavoren

Karte 1810.3

Stavoren war vom 9. bis zum 14. Jahrhundert eine blühende Hafenstadt. Doch Sturmfluten und die zunehmende Versandung des Hafens beendeten den Wohlstand der Stadt.
Die Legende vom „Het Vrouwtje van Stavoren" erzählt dazu: Eine reiche Witwe habe einem Kapitän den Auftrag gegeben: „Bring mir das Kostbarste, was es auf dieser Erde gibt!" Nach langer Zeit sei der Kapitän zurückgekommen und habe ein Schiff, voll beladen mit Getreide, gebracht. Die Witwe sei in Wut geraten und habe das Getreide vor dem Hafen über Bord werfen lasse. Das Getreide habe den Hafen dichtgespült, und es sei nun bergab gegangen mit der Stadt. Das „Vrouwtje van Stavoren" steht immer noch am Hafen – als Denkmal.
Der Name Stavoren ist verbunden mit einem ganz speziellen Schiffstyp: Der „Staverse Jol". Sie wurde zum Fang des Anchovis (Sardellen, die in riesigen Schwärmen von der Nordsee in die damals noch offene Ziuderzee kamen) entwickelt. Der Bug der Staversen Jollen ist rund wie eine Zwiebel, damit sie sich nicht in der See festrannten, wenn sie bei auflandigem Sturm auf Legerwall in den Hafen zurücksegelten.
Sie haben keine Seitenschwerter, sondern einen langen Kiel mit sehr wenig Tiefgang. Die Staversen Jollen waren glatt und schier, damit die feinen Anchovis-Netze beim Einholen nicht zerrissen wurden.

Ansteuerung

Stavoren hat zwei Häfen:
– Südlich der Stadt den „Nieuwe Voorhaven", mit der Johan Friesosluis, und
– nördlich der Stadt den „Buitenhaven" mit dem „Spoorhaven" und dem „Oude Haven".

Bei Tag sind südlich der Stadt die Johan Friesosluis und daneben das „Gemaal Hoogland" als Anhaltspunkte für den Nieuwe Voorhaven gut zu sehen.

Stavoren: Einfahrt zum alten Buitenhaven

Am Buitenhaven sind die 15 Meter hohe Stahlgitter-Konstruktion des Leuchtfeuers an der Nordseite des Buitenhavens und die Stahlgittertürme der Hafenfeuer gut zu erkennen.
Zwischen dem Nieuwe Voorhaven und dem Buitenhaven stehen Stellnetze am Ufer.
Von Süden kommend müssen die betonnten Untiefen des „Vrouwezand" beachtet werden! Bei westlichem Starkwind baut sich vor Stavoren sehr schnell ein außergewöhnlich grober Seegang auf. Unter diesen Umständen sollte man unter Segel in den Nieuwe Voorhaven einlaufen und erst im Hafen die Segel bergen. Der Hafen bietet genügend Raum für ein derartiges Manöver.

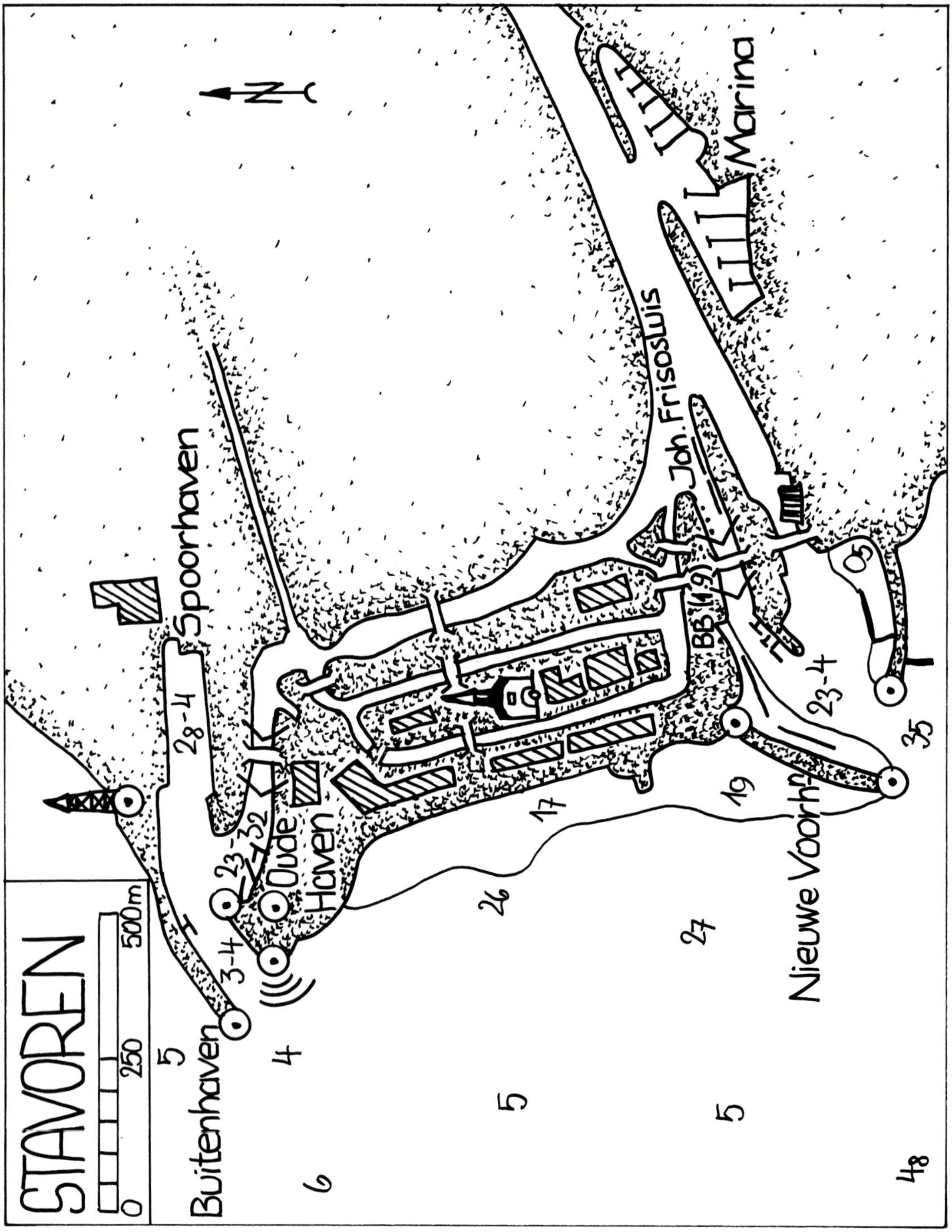
STAVOREN
0
250
500m
Buitenhaven
Oude Haven
Spoorhaven
Joh. Friso sluis
Marina
Nieuwe Voorh.
28-4
23-4
3-4
35
48

Auf der südlichen Mole des Buitenhavens steht ein Nautofoon (Nebelschallsender) mit der Kennung (2) 15 s. Siehe Karte 1810.1.
Nachts führen weiße Feuer in Linie (Oberfeuer Gleichtakt, 4 s, Unterfeuer fest) von der Leuchttonne VZ 2 (Gleichtakt, rot, 4 s) mit rw. 29 ° frei vom Vrouwezand vor den Buitenhaven, dessen Einfahrt mit festen Lichtern rot/grün versehen ist. Von Westen oder Norden kommend hält man zunächst auf das Oberfeuer (Gleichtakt, weiß, 4 s) der o.a. Feuer in Linie, bis die Feuer der Hafeneinfahrt zu sehen sind.
Die Einfahrt des Nieuwe Voorhaven ist ebenfalls befeuert mit je einem roten bzw. grünen festen Licht. Zum Einlaufen sollte man das weiße Blitzfeuer (Fl. 5 s) in der Mitte zwischen den Feuern der Hafeneinfahrt halten.

Stavoren: Einfahrt zum Nieuwe Voorhaven

Häfen

Im Nieuwe Voorhaven liegt die „Johan Frisosluis", durch die man in die Binnenwasserwege Frieslands gelangt. Wenn Starkwind die Fahrt um den Vrouwezand außen herum unmöglich macht, kann man durch diese Schleuse binnen durch mit stehendem Mast und 2 m Tiefgang nach Lemmer fahren. An der Südseite gibt es einen Anleger, an dem man allerdings unruhig liegt. An der West- und Nordseite gibt es ebenfalls Anleger, die aber keine Verbindung zum Land haben. Hinter der Schleuse gibt es mehrere Anlegeplätze und die Marina Stavoren, die sehr gut geführt wird und jeden Komfort bietet.
An Sommer-Wochenenden kann es zu Wartezeiten kommen: Sonnabends in Richtung Ijsselmeer und sonntags am Abend nach binnen.
Im Oude Haven darf nur an der Südseite angelegt werden. Die Nordseite ist für die großen Segler der „bruine vlot" reserviert. Im „Spoorhaven" ist das Anlegen nur mit Erlaubnis des Hafenmeisters gestattet.
Die Oude Zeesluis im Oude Haven wird nur ausnahmsweise bedient (z.B. Sturm aus West).

Versorgung

Diesel/Benzin	Trailer-Slipbahn
Flaschengas	Yachtwerft
Abfallbehälter	Motor-Werkstatt
Duschen/WC	Segelmacher
Restaurant	Yachtausrüster
Telefon	Trinkwasser
Waschmaschine	

Kräne bis 44 t mit stehendem Mast
Entsorgung für Chemietoiletten
Bootslifte bis 30 t

Trintelhaven

Karte 1810.3

Trintelhaven ist ein Bauhafen, der beim Bau des Houtribdijk angelegt wurde. Er wird auch für die geplante Einpolderung des südlichen Teiles des Ijsselmeeres, der Markerwaard, unterhalten. Der Hafen liegt an der Nordseite des Houtribdijk und ist von Enkuizen 5 sm, von Urk 5,5 sm entfernt (Luftlinie).

Ansteuerung bei Tag

Einen Anhaltspunkt bietet das Denkmal auf dem Deich, direkt beim Hafen. Der nördlich des Hafens liegende Enkhuizer Sand ist gut betonnt. Es gibt auch einen Weg von Enkhuizen zum Trintelhaven – zwischen dem Deich und dem Enkhuizer Sand. Er sollte jedoch nur bei ruhigem Wetter und keinesfalls bei nördlichen Winden befahren werden. Da direkt am Deich Stellnetze stehen, muß man vom Deich etwa 100 m Abstand halten.

Ansteuerung bei Nacht

Nachts muß man sich vom Enkhuizer Sand gut freihalten, denn die Tonnen direkt am Sand sind nicht befeuert!

Von Norden kommend läuft man deshalb erst zu der Leuchttonne EZ 15 (Gleichtakt, grün, 4 s), dann mit rw 221 ° auf das Leuchtfeuer FL (5) Y 20 s (gelbes Blitzfeuer mit Gruppen von 5 Blitzen, 20 s). Es steht 1,5 sm südöstlich des Trintelhavens.

Wenn nach etwa 2,5 sm die Hafenfeuer auf 270 ° in Sicht kommen, kann man den Hafen direkt ansteuern. Andernfalls sollte man bis zu dem o.a. Feuer weitersegeln und mit rw 310 ° zur Hafeneinfahrt fahren. Sie ist mit je einem roten und grünen festen Licht befeuert.

Von Süden läuft man zuerst bis zu der Leuchttonne EZ 21 ISO 8 s (Gleichtakt, 8 s, grün). Auf der Grenze vom weißen zum roten Sektor des achteraus stehenden „Commissarislicht" FL (3) 10 s (Blitzfeuer mit Gruppen von 3 Blitzen, weiß 10 s). Von der Leuchtton-

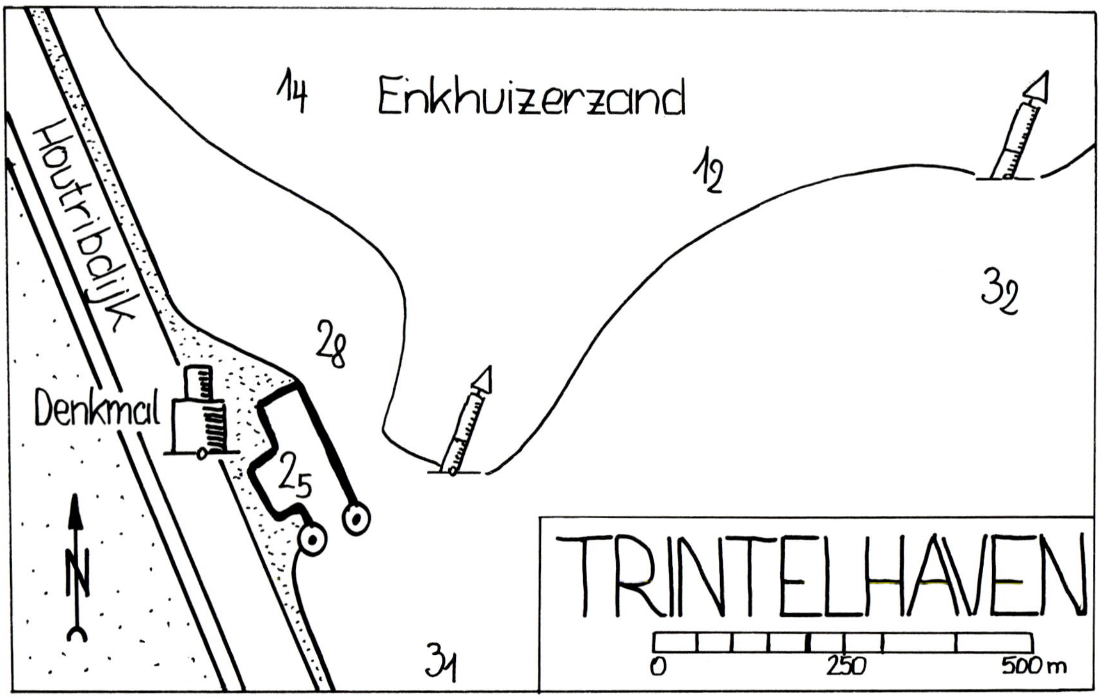

ne EZ 21 mit rw. 302 ° zum Hafen, wobei das weiße Blitzfeuer (s.o.) an Backbord bleibt.

Hafen

Der Hafen ist nach Südosten offen. An der Pier darf man bis zu drei Tagen kostenlos liegen. Über die Straße auf dem Deich kann man notfalls Enkhuizen oder Lelystad erreichen. Es gibt hier jedoch keinerlei Versorgung.

Uitdam

Karte 1810.2

Der Hafen Uitdam liegt etwa 3 sm südwestlich des Leuchturmes auf Marken. Das Dorf Uitdam bietet keine Sehenswürdigkeiten. Direkt am Hafen liegt ein Campingplatz.

Ansteuerung bei Tag

Anhaltspunkte bieten der Leuchtturm von

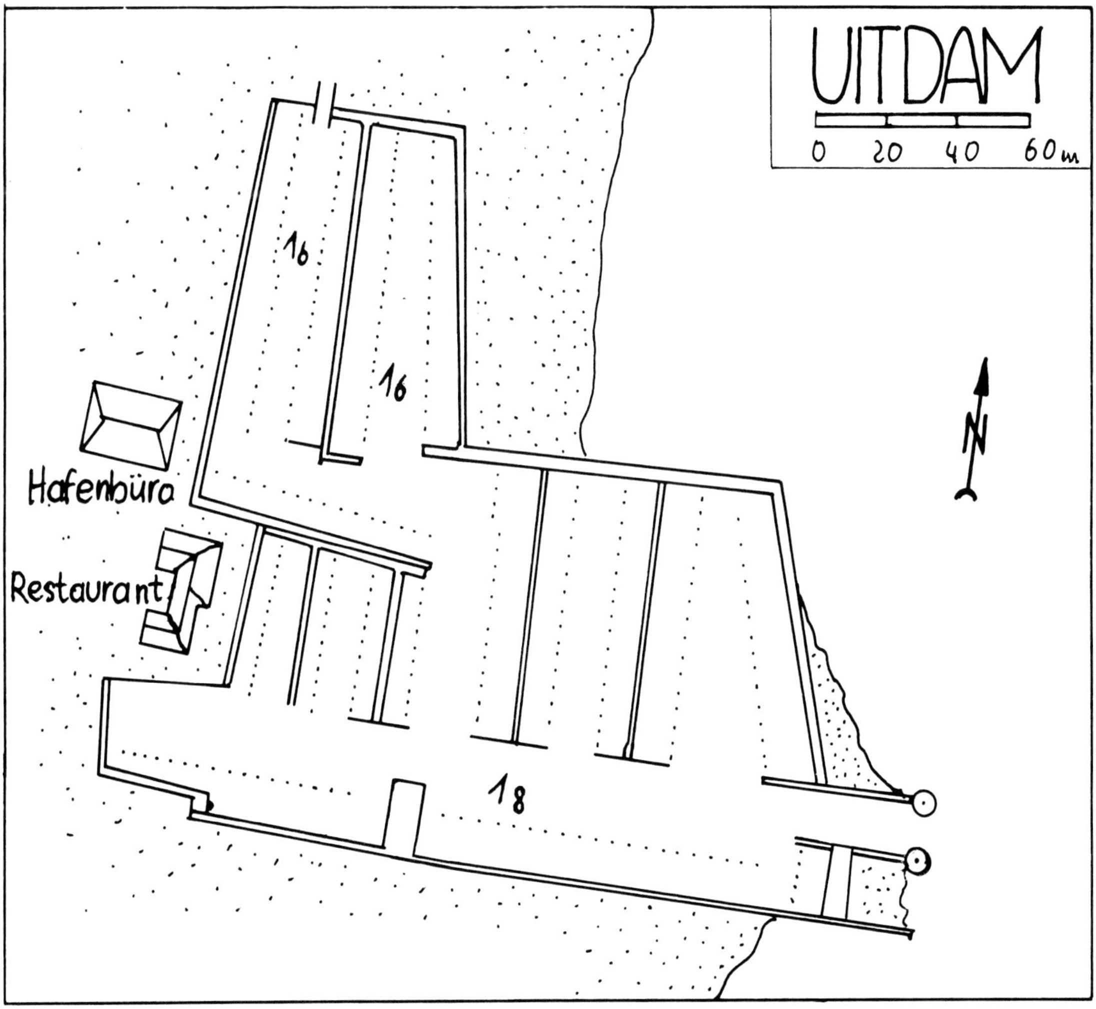

Marken und der Campingplatz am Hafen mit den weißen Caravans. Das Fahrwasser zum Hafen ist betonnt.

Ansteuerung bei Nacht

Der Hafen ist nachts sehr schwierig anzulaufen, da es außer den Hafenlichtern rot/fest und grün/fest keine Befeuerung gibt.
Tel. Hafenmeister: 02903 / 14 33

Im Hafen Uitdam

Versorgung
WC, Duschen, Waschmaschine, Restaurant, Lebensmittelgeschäft, Kinderspielplatz, Kinderschwimmbad, Tennis, Boule, Diesel, Benzin, Kran bis 9 t (Heben mit stehendem Mast), Motoren-Service, Entsorgung für Chemietoiletten, Absaugstation für Fäkalientanks, Altöl, Druckwasser zum Waschen der Boote, Strom und Wasser am Steg.

Urk

Karte 1810.3

Urk ist ein altes Fischerstädtchen, das schon im 10. Jahrhundert erwähnt wurde. 1660 wurde Urk, damals aus fünfzig Häusern und einer Kirche bestehend, von der Stadt Amsterdam gekauft. Man brauchte das Städtchen und die Insel als Zwischenstation für die auslaufenden Schiffe und als Fluchthafen. Urk ist heute ein sehr betriebsames Städtchen. Es lebt vom Fischfang, vom Umschlag und von der Vermarktung der gefangenen Fische.
Die Urker waren immer Fischer. Sie fischten auf dem Ijselmeer, auf dem Wattenmeer und auf der Nordsee. Sie haben ihre Fangflotte beizeiten modernisiert und verfügen heute über eine moderne Hochsee-Fischereiflotte. Das Wappen von Urk zeigt einen Fisch auf blauem Grund. Bei der alten Kirche steht ein Denkmal aus schwarzem Marmor, in den die Namen der auf See gebliebenen Fischer eingehauen werden. Es kommen noch immer neue Namen hinzu.
Das Fischerei-Museum „Hulp en Steun" an der Westerkade zeigt die Geschichte der Urker Fischer. Es ist von Mai bis Oktober täglich von 11.00–13.00 und von 14.00–17.00 Uhr geöffnet.

Ansteuerung bei Tag

Die ehemalige Insel Urk liegt auch heute noch höher als das sie umgebende Polderland, etwa 4,5 sm nordöstlich der Flevozentrale, deren 147 Meter hohe Schornsteine von weither zu sehen sind.
Unverwechselbar und gut zu sehen ist auch der weiße Leuchtturm von Urk. Die Hafeneinfahrt liegt etwa 500 m südöstlich davon. Südöstlich der Hafeneinfahrt stehen drei große Tanks. Die rot/weiß bzw. grün/weiß gestreiften Feuerträger der Hafeneinfahrt sind erst auf kurze Entfernung zu sehen.
Von Enkhuizen folgt man der Betonnung EZ 1/KG 2 bis EZ 15 und segelt dann mit rw. 112 ° zu der roten Ansteuerungstonne UK 16. Dabei bleibt die gelb/schwarze Kardinaltonne UK-W mit dem West-Toppzeichen an Backbord. Von der roten Ansteuerungstonne UK 16 führt das betonnte Fahrwasser zum Hafen von Urk.

Hafeneinfahrt Urk: Links der Leuchtturm, rechts die Hafenmole (Westseite)

Von Norden kommend orientiert man sich am Noordmeerdijk und folgt dann der Tonnenreihe (rot) UK 2 bis UK 16.
Von Süden kommend bieten sich die Tonnen HR-B, HR-A, UK 16 und natürlich der weiße Leuchtturm von Urk zur Orientierung an.

Nebelsignale

Nautofoone (Nebelschallsender) stehen beim Leuchtturm (Kennung: Ton 2 s, Pause 2 s, Ton 2 s, Pause 24 s) und auf der westlichen Hafenmole (Ton 2 s, Pause 2 s, Ton 2 s, Pause 2 s, Ton 2 s, Pause 2 s, Pause 20 s).

Ansteuerung bei Nacht

Von Norden her bieten sich das weiße Gleichtaktfeuer auf dem Leuchtturm Rotterdamse Hoek (ISO 10 s, 12 m, 8 / 5 M) und das weiße Blitzfeuer (FI, 5 s, 27 m, 18 M) auf dem Leuchtturm von Urk an.
Die Untiefe „Vormt", nordwestlich von Urk, ist durch die roten Leuchttonnen UK 4 und UK 10 bis UK 16 bezeichnet. Aber auf dem direkten Wege von UK 10 zu UK 16 liegen mehrere unbeleuchtete Tonnen, so daß es sicherer ist, westlich um die Kardinal-Leuchttonne UK-W, Q (9) 15 s. (Funkelfeuer, weiß mit 3 Gruppen 15 s) zu der roten Ansteuerungs-Leuchttonne UK 16 ISO 2 s (Gleichtakt, rot 2 s) zu fahren. Die folgenden Fahrwassertonnen bis zum Hafen von Urk sind nicht befeuert! *S. Detailkarte 1810.5!*
Von Süden hat man an Steuerbord voraus die Flevozentrale (rote Lichter an den 147 m hohen Schornsteinen) und die Leuchttonnen HR-B, Oc. 6 s (Ubr. w. 6 s), HR-A, LFI. 10 s (Blk. w. 10 s) und dann wieder die Ansteuerungs-Leuchttonne UK 16, ISO, 2. (Gleichtakt, rot, 2 s) und natürlich das Leuchtfeuer von Urk.
Von Enkhuizen bieten sich die Leuchttonnen EZ1 / KG 2, ISO 2s. (Glt. w. 2 s), EZ 7, ISO 8 (Gleichtakt, grün, 2 s) EZ 15, ISO 4 s (Glt, gn. 4 s), UK 16, ISO 2 s (Gleichtakt, rot 2 s) und der Leuchtturm von Urk an.
Die Hafeneinfahrt ist befeuert mit je einem roten und grünen festen Licht und mit einem weißen Gleichtaktfeuer (4 s), das man in der Mitte der Hafenfeuer halten muß *(siehe Detailkarte 1810.5).*

Häfen

An der Südseite des Werkhaven liegt der

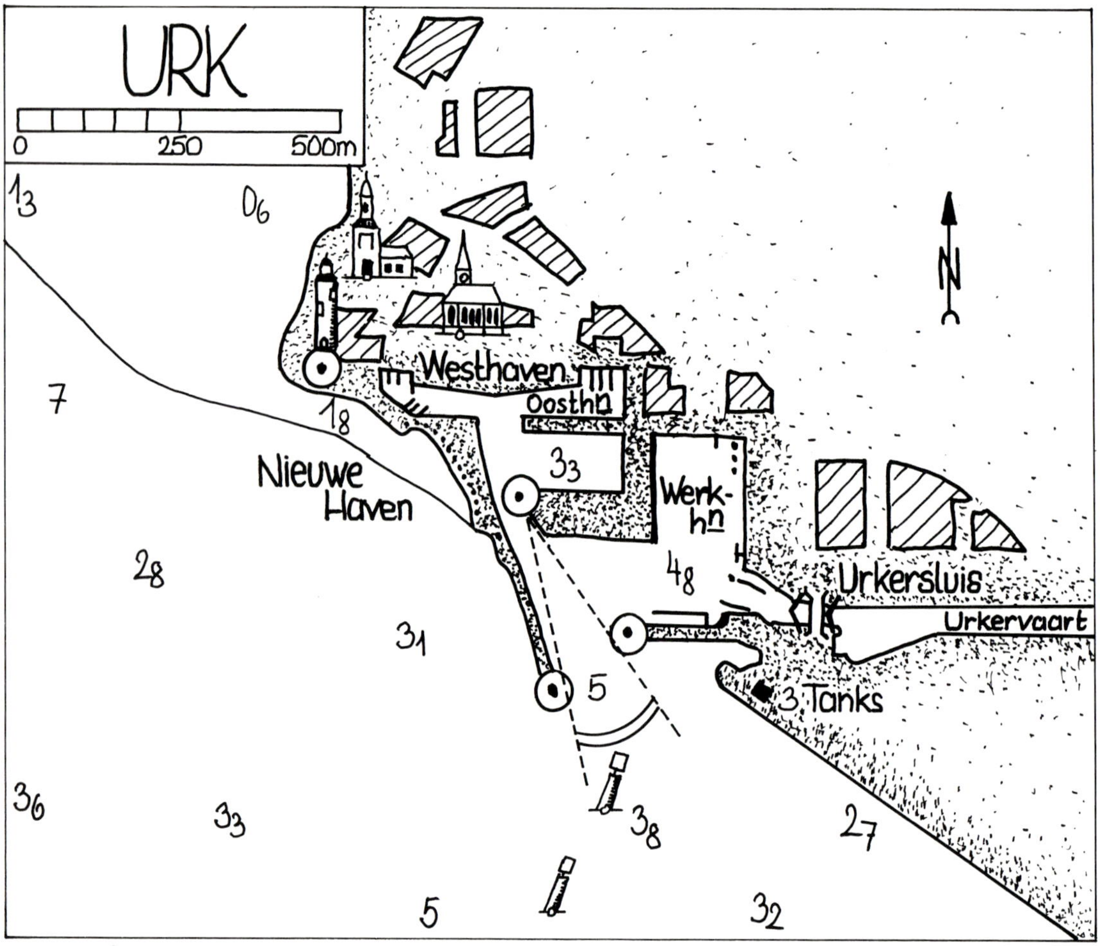

Jachthaven der „W.V.De Zuiderzee", der Liegeplätze für Yachten bis 10 m Länge und 3 m Tiefgang bietet.
Auch im Westhaven, Osthaven und im Nieuwe Haven gibt es Liegeplätze. Da aber am Freitag frühmorgens viele Fischkutter in den Hafen kommen und den Fang anlanden, darf man von Donnerstag abend bis Montag früh in diesen Häfen nur nach Absprache mit dem Hafenmeister festmachen. Telefon (05277) 13 94. Hafenmeister für den Yachthafen: Telefon (05277) 26 97.
UKW-Kanal 12, Anruf: „Havenkantoor Urk". Größere Schiffe müssen sich vor dem Einlaufen über UKW anmelden.

Schleuse

Die Urkersluis in der Südwestecke des Werkhavens ermöglicht die Fahrt nach Emmeloord. Die Durchfahrtshöhe ist jedoch durch die feste Brücke auf 6,5 m begrenzt.

Versorgung

Diesel, Benzin von Bunkerbooten (So. geschlossen). Kran bis 2 t, Trailer-Slipbahn, Flaschengas, Abfallbehälter, Duschen/WC, Trinkwasser, Restaurant, Yachtwerft, Motor-Werkstatt, Segelmacher, Yachtausrüster, Telefon.

Wijdenes

Karte 1810.2

Der Hafen Wijdenes liegt etwa 1 sm südwestlich des Leuchtfeuers Oosterleek. Er ist auf der Karte als „Vluchthafen" bezeichnet. Aber gerade dazu ist er nicht geeignet! Die Einfahrt ist zwar rot/fest und grün/fest (mit weißem Sektor) befeuert, jedoch sehr schmal und bei Seegang viel zu flach.
Es ist ein netter kleiner Hafen, der sehr schön im Grünen vor dem Deich liegt und vor allem für Familien mit Kleinkindern geeignet ist.

Workum

Karte 1810.3

Das langezogene Städtchen liegt an dem kanalisierten Fahrwasser „Het Zool", etwa 2,5 sm nördlich von Hindeloopen. Es erhielt im 15. Jahrhundert die Stadtrechte und erlebte als Hafenstadt seine Blütenzeit im 17. Jahrhundert. Schwerpunkte waren der Überseehandel sowie der Transport und Verkauf von Aalen nach London. Dort hatten die Workumer „Palingaaken" (Paling = Aal, Aak = Schiff) sogar eigene Liegeplätze.
Gleich hinter der Seeschleuse liegt die historische Schiffswerft von Ube Zwolsman, die vor einigen Jahren restauriert wurde. Die Werft ist wieder in Betrieb. Man kann hier den Bau und die Restaurierung von historischen Rund- und Plattbodenschiffen beobachten. Sehenswert sind auch der Markt mit den beiden alten Kirchen, das Stadhuis und

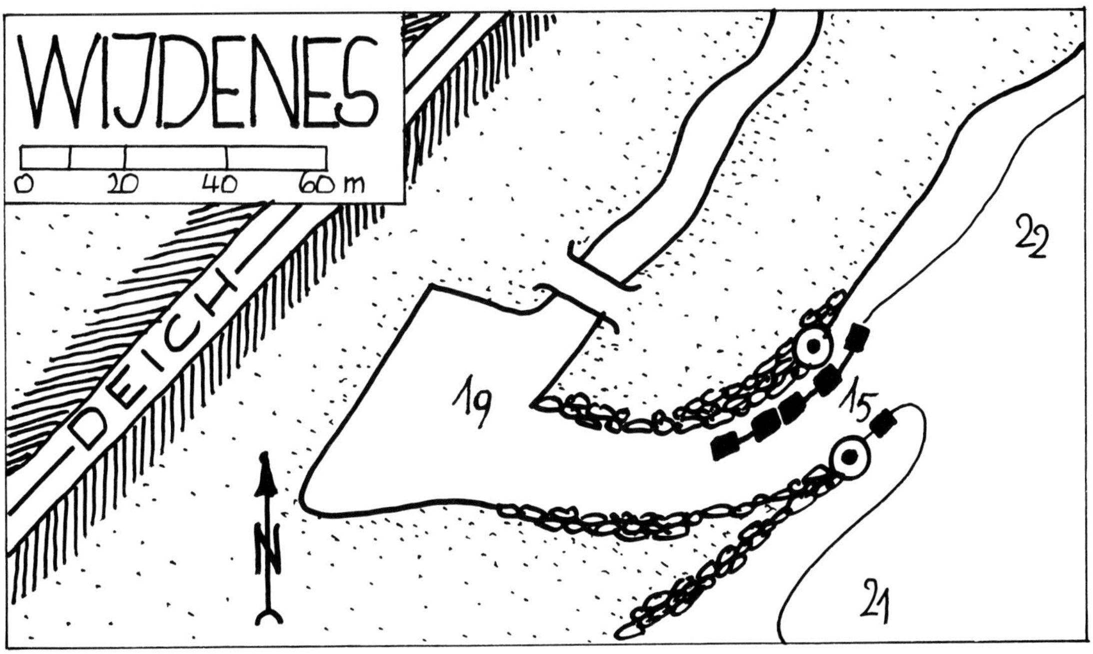

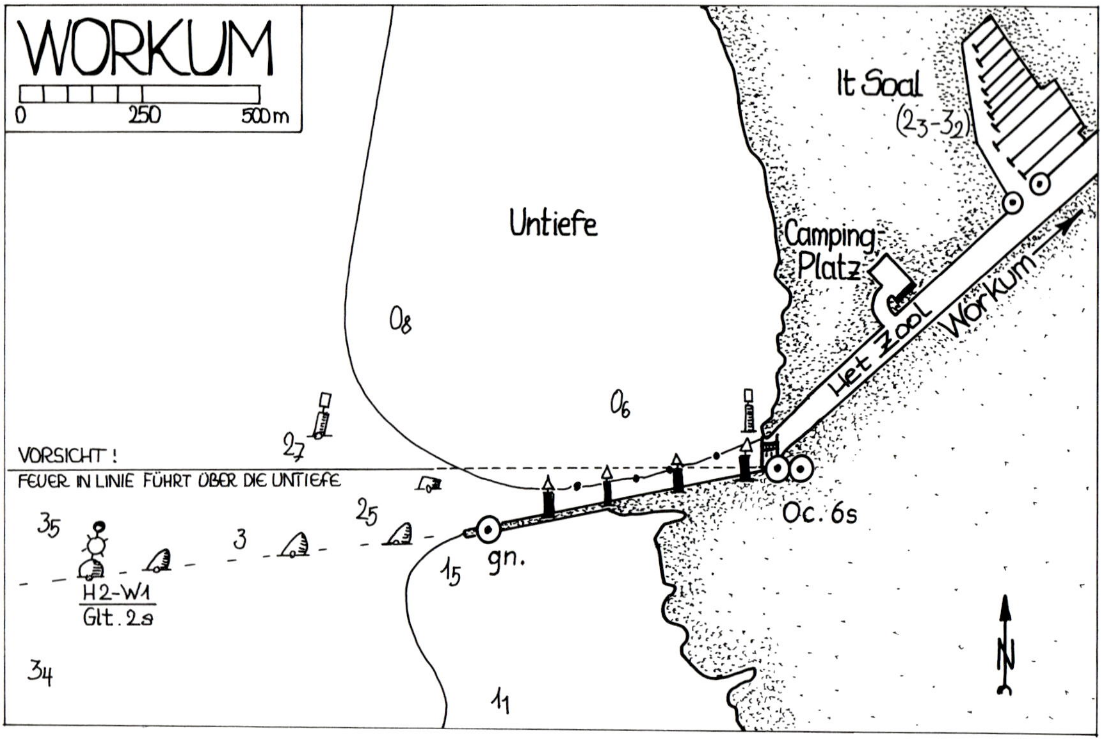

die Waag aus dem Jahre 1650. In der Waag ist die Altertumssammlung „Workums erfskip" untergebracht. Geöffnet von Mai bis September: Di–Sa von 10.00–12.00 und von 13.00–17.00 Uhr.
Für Kunstliebhaber gibt es das „Jopie Huismann-Museum". Jopie Huismann war ein Maler, der niemals eines seiner Bilder verkauft hat, so daß man hier eine vollständige Sammlung bewundern kann. Geöffnet von Mo–Sa von 10.00–17.00 Uhr, So von 14.00–17.00 Uhr.

Ansteuerung bei Tag

Das Fahrwasser „Het Zool" verbindet Workum mit dem Ijsselmeer. Anhaltspunkte sind die beiden Kirchtürme von Workum: Ein hoher spitzer und daneben ein stumpfer gedrun-

Workum: Ansteuerung Hafenzufahrtskanal

gener Turm. Die Einfahrt liegt südlich von diesen Kirchtürmen, etwa 1 sm nördlich von Hindeloopen. An der Nordseite der Einfahrt liegt ein großer Campingplatz: Die weißen Caravans sind von weither zu sehen. Über der Einfahrt steht auf dem Deich ein klobiger, weißer Leuchtturm.

Zuerst sollte die rot/grüne Ansteuerungstonne H2-W1 angelaufen werden, dann kann man dem betonnten Fahrwasser folgen. Die Wassertiefe beträgt etwa 2,4 m. Die Rinne neigt aber zur Versandung, so daß hier ab 2 m Tiefgang Vorsicht geboten ist. Zu beiden Seiten des Fahrwassers ist es sehr flach, und an der Steuerbord-Seite befindet sich ein etwa 500 m langer Steindamm, der zeitweise vom Wasser überspült wird.

Ansteuerung bei Nacht

Die Ansteuerung ist nachts sehr riskant, weil nur die Ansteuerungstonne befeuert ist. Es gibt zwar zwei Feuer, die scheinbar in Linie stehen, jedoch nicht brauchbar sind: Sie führen mit rw. 90° über die nördlich der Einfahrt gelegenen Untiefe! Man müßte deshalb von der Ansteuerungsleuchttonne H2-W1 ISO 2 s (Gleichtakt, weiß 2 s) die „Feuerlinie“ eben südlich offen halten und mit rw. 81° weiterlaufen, bis man das grüne feste Licht auf dem Steindamm sehen kann. Die Hafeneinfahrt ist nicht, wie allgemein üblich, rot/grün befeuert. *Detailkarte 1810.3 beachten!*

Häfen

Am Fahrwasser „Het Zool“ liegen die Marina „It Soal“ und der „Jachthaven Anne Wever“. Vor der „Zeesluis“ gibt es Liegeplätze und hinter der Schleuse mehrere Anleger und Yachthäfen. Die Schleuse ermöglicht den Zu-

Workum: Alter Leuchtturm an der Einfahrt

gang zu den friesischen Binnengewässern, hat jedoch einen Drempel von nur 1,65 m! An Sommer-Wochenenden muß mit Wartezeiten gerechnet werden: Sonnabends in Richtung Ijsselmeer, sonntags nach binnen.

Versorgung

Benzin/Diesel	Trailer-Slipbahn
Flaschengas	Yachtwerften
Abfallbehälter	Motor-Werkstatt
Duschen/WC	Segelmacher
Restaurant	Yachtausrüster
Telefon	Trinkwasser
Waschmaschine	

Entsorgung für Chemietoiletten
Kräne von 8 – 40 t mit stehendem Mast
Bootslift bis 40 t.

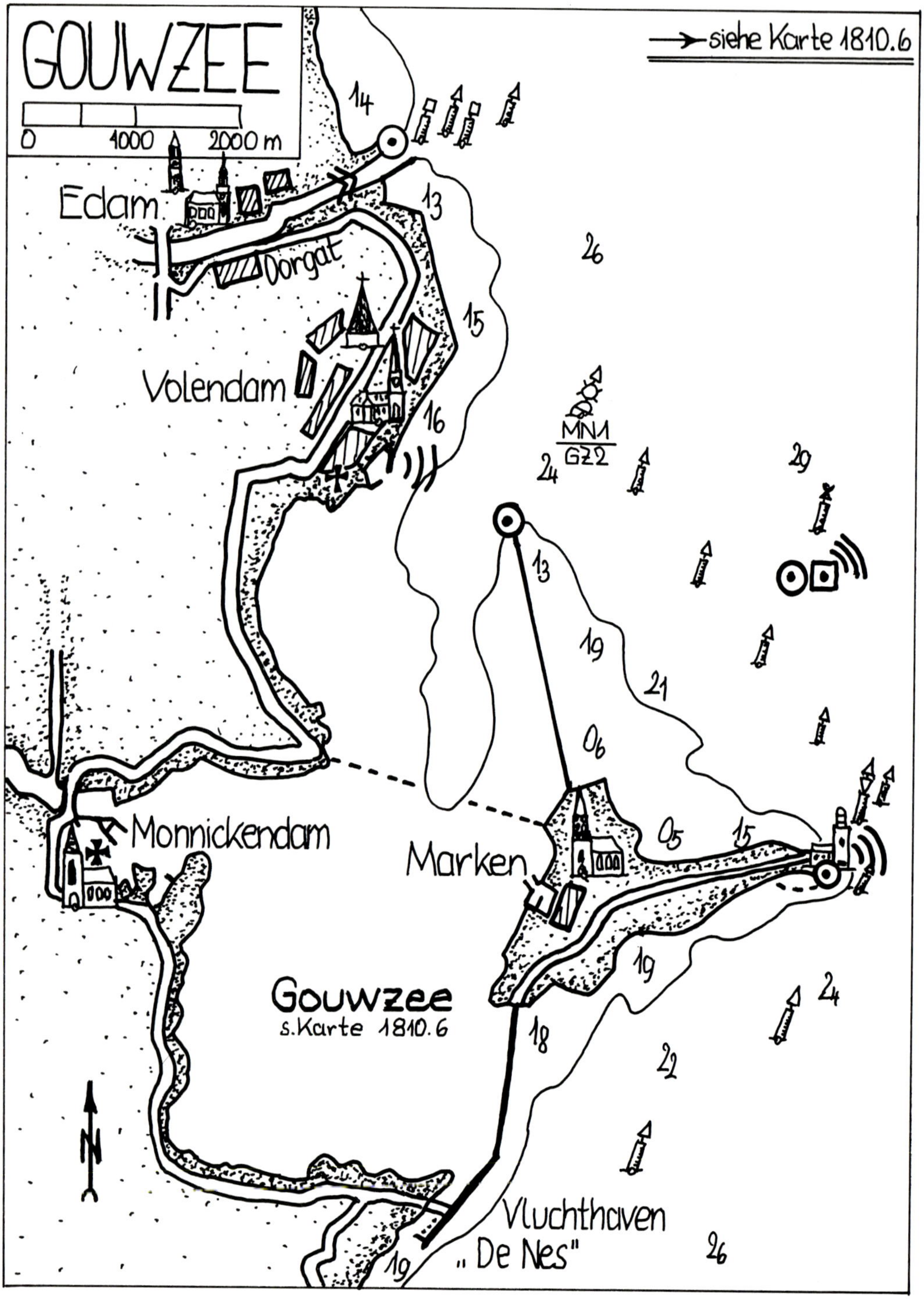
GOUWZEE
0
1000
2000 m
siehe Karte 1810.6
Edam
Dorgat
Volendam
MN1
GZ2
Monnickendam
Marken
Gouwzee
s.Karte 1810.6
Vluchthaven
„ De Nes"
14
13
26
15
16
24
29
13
19
21
06
05
15
19
24
18
22
19
26

Gouwzee

Karte 1810.2 + 1810.6

Die Gouwzee ist eine große, flache Bucht im südlichen Ijsselmeer, zwischen der Insel Marken, Monnickendam und Volendam. Sie ist nur 1,5–1,8 m tief. Die Fahrrinnen werden auf 2,2 m gehalten. Außerhalb der betonnten Fahrwasser ist die Gouwzee im Sommer so stark verkrautet, daß der Propeller durch Schlingpflanzen wirkungslos werden kann. Deshalb sollten Motor und Propeller vor dem Einlaufen in einen der Häfen durch einen Probelauf überprüft werden.
Quer durch die Gouwzee verläuft unter Wasser ein Damm mit einem Durchlaß in der nach Süden verlaufenden Fahrrinne. Auf diesem Damm (in der Karte als gestrichelte Linie markiert und mit „Berm" bezeichnet) stehen 0,8 bis 1,4 m Wasser.
Südlich der Insel Marken ist die Gouwzee durch einen Damm abgeschlossen. Der südliche Teil der Gouwzee ist teilweise für schnelle Motorboote freigegeben.
Nördlich der Insel Marken verläuft ein Damm, 2,5 sm nach Norden, der nur am nördlichen Ende mit einem weißen Gleichtaktfeuer (4 s) versehen ist.

Ansteuerung bei Tag

Anhaltspunkte sind die Insel Marken mit dem unverwechselbaren Leuchtturm, dem „Paard van Marken" (Pferd von Marken) und Volendam.
Beim Einlaufen muß man sich tagsüber nicht unbedingt an das betonnte Fahrwasser halten. Südlich der Tonne GZ 7 / VD 2 sollte man jedoch unbedingt wegen der starken Verkrautung und des Unterwasserdammes im Fahrwasser bleiben.

Ansteuerung bei Nacht

Erster Anhaltspunkt ist das Leuchtfeuer des „Paard van Marken": Unterbrochen, weiß, 8 s, 9 sm Tragweite.
Etwa 1,5 sm nördlich des „Paard van Marken" steht ein gelbes Blitzfeuer (5 s) mit einem Nebelschallsender.
Auf jeden Fall sollte die Ansteuerungstonne MN 1 / GZ 2 (grünes Funkelfeuer) angelaufen werden. Das an Backbord voraus in Sicht kommende weiße Gleichtaktfeuer (4 s) auf dem Damm nördlich von Marken muß an Backbord bleiben! Man hält auf das rote Gleichtaktfeuer (8 s) GZ 8 und kann dann mit rw 180° nach Süden auf das weiße Gleichtaktfeuer (2 s) GZ 17 / MO 2 halten.
Auf dem Leuchtturm von Marken befindet sich ein Nebelschallsender mit folgender Kennung: Alle 30 s ein Ton von 3 s.

Marken

Karte 1810.2 + 1810.6

Eigentlich ist Marken keine Insel mehr, denn seit dem Jahre 1957 ist Marken durch einen Damm mit dem Festland verbunden. Trotzdem hat das alte Fischerdorf seinen ursprünglichen Charakter bewahrt und sich auch äußerlich nicht verändert. Es scheint so, als wäre die Zeit stehengeblieben.
Marken wurde im Jahr 1231 von Mönchen besiedelt. Sie begannen die Insel einzudeichen und bauten, natürlich auf dem höchsten Punkt der Insel, der Kerkbuurt, ein Kloster. Dort steht auch heute noch die Kirche.
Die übrigen Teile der Insel wurden oft über-

Marken: Hafeneinfahrt

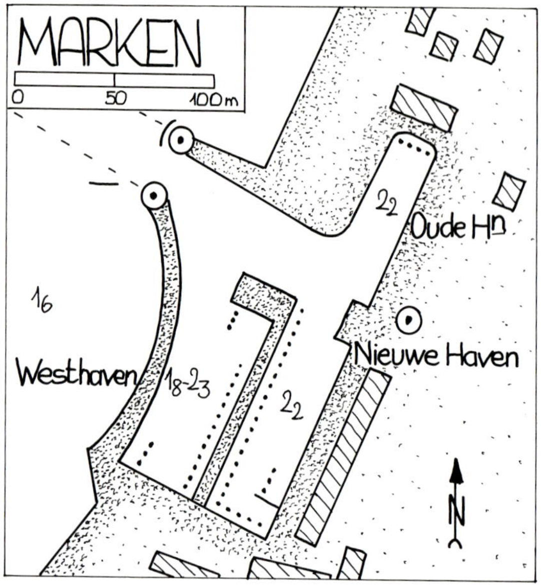

flutet. Darum bauten die Bewohner ihre Häuser auf Warften, zum Teil sogar als Pfahlhäuser.
Bis zum Abschluß der Zuiderzee lebten die Marker von einer bescheidenen Landwirtschaft und von der Fischerei. Am Anfang dieses Jahrhunderts hatten die Marker Fischer noch 137 Botter in Fahrt!
Heute wird Marken tagsüber von Touristen, die mit Schiffen von Volendam herübergefahren werden, überflutet. Aber abends, wenn das letzte Schiff Marken verlassen hat, kehrt Ruhe ein. Marken ist dann wieder das alte Fischerstädtchen mit den grün gestrichenen Holzhäusern und den Wassergräben mit den weißen Brücken darüber.
Einer der letzten Marker Botter steht im Zuiderzeemuseum in Enkhuizen. Das „Marker Haventje“, der kleine, alte Hafen von Marken, wurde dort im Buitenmuseum originalgetreu nachgebaut.

Ansteuerung bei Tag

Vom Leuchtfeuer GZ 17/MO 2 führt eine auf 2,2 m Tiefe gebaggerte und betonnte Rinne in den Hafen. Die Einfahrt ist nur 10 m breit.

Ansteuerung bei Nacht

Ausgehend vom weißen Gleichtaktfeuer (2 sec.) GZ 17/MO 2 hält man das weiße Festfeuer im Hafen genau in der Mitte zwischen den Hafenlichtern (rot/fest und grün/fest), die auf den Hafenmolen stehen.

Hafen

Die Wassertiefe im Hafen von 2,2 m kann sich durch Windeinfluß um bis zu 0,8 m verringern.
Liegeplätze findet man im Oude Haven und im Nieuwe Hafen, meist an der Pier.

Versorgung

Diesel/Benzin von Landtankstelle
Abfallbehälter, Trinkwasser.

Monnickendam Karte 1810.2 / 1810.6

Monnickendam wurde, wie Marken, von Mönchen gegründet und erhielt schon im Jahre 1355 die Stadtrechte. Die Stadt erlebte ihre Blütezeit im 16. Jahrhundert. Aus dieser Zeit ist noch viel Sehenswertes erhalten geblieben: Die „Grote Kerk“, eine gotische Kathedrale mit einem 55 m hohen Turm, der „Speeltooren“, ein schlanker Turm mit einem Glockenspiel aus dem Jahre 1515, das Stadthuis (Rathaus) und „het Waaggebouw“, die alte Stadtwaage. In diesem Gebäude ist heute das wohl führende „Pannekoekenhuis“ (Pfannkuchen-Restaurant) Hollands untergebracht.

Ansteuerung bei Tag

Von der Gouwzee, vom Leuchtfeuer GZ 17 / MO 2, sollte man der 2 m tief gebaggerten und betonnten Fahrrinne folgen, da auch dieser Teil der Gouwzee stark verkrautet ist.

Ansteuerung bei Nacht

Vom weißen Gleichtaktleuchtfeuer (2 s) GZ 17 / MO 2 hält man zunächst mit rw 275 ° das rote Gleichtakt-Leuchtfeuer MO 10 (8 s) eben an Backbord voraus, bis man die beiden roten Festfeuer der Hafeneinfahrt in Linie auf rw 236 ° sieht, und kann dann auf diesem Kurs bis in den Gemeindehafen laufen.
Der Gemeindehafen und die Yachthäfen „De Zeilhoek“ und „Gouwzee“ sind mit Hafenlichtern (rot / fest und grün / fest) versehen. Zu den Yachthäfen „v. Goor“ und „Hemmeland“ führt ein gemeinsames Sektorenfeuer (rot / weiß / grün, fest). Der weiße Sektor führt in die Einfahrt.

Häfen

Gemeindehafen
Direkt an der Stadt, in den hinteren Teilen sehr schöne Liegeplätze, aber wenig Komfort.
Yachthafen Gouwzee
Ein moderner Yachthafen, gut eingerichtet und sehr gut geführt.
Yachthäfen v. Goor und Hemmeland
Moderne Häfen mit guten Liegeplätzen und allen notwendigen Einrichtungen.
Yachthafen „De Zeilhoek“
Ein Hafen im Grünen, sehr ruhig, aber von der Stadt etwas weiter entfernt.

Versorgung

Duschen / WC, Benzin nur von Landtankstelle, Diesel, Trailer-Slipbahn, Yachtwerft, Motor-Werkstatt, Waschsalon, Bootslift bis 20 t, Kran bis 20 t, Yachtausrüster, Flaschengas, Entsorgung für Chemietoiletten

Monnickendam: Binnenhafen

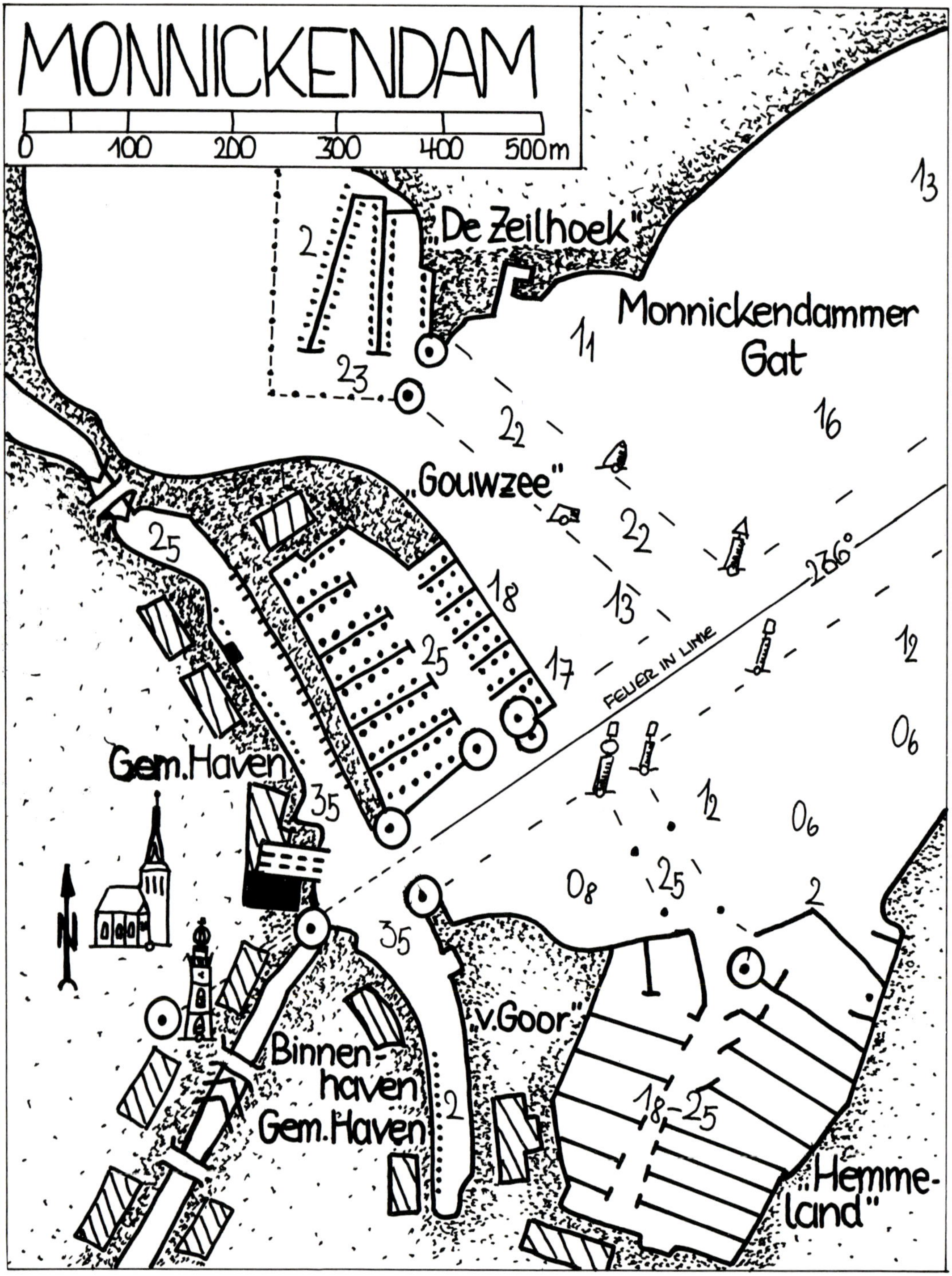
MONNICKENDAM
0 100 200 300 400 500m
„De Zeilhoek"
Monnickendammer
Gat
„Gouwzee"
236°
FEUER IN LINIE
Gem.Haven
Binnen-
haven
Gem.Haven
„v.Goor"
„Hemme-
land"

Volendam Karte 1810 + 1810.6

Volendam ist ein sehr schönes, altes Fischerstädtchen, das im 15. Jahrhundert entstand. Das Städtchen sieht vom Wasser her sehr freundlich und einladend aus – und so ist es auch. Sehenswert sind die Volendamer Trachten und das Volendams Museum, Kloosterbuurt 5. Es zeigt die Volendamer Fischerei der Vergangenheit. Es ist geöffnet:

Di. bis Sa. von 10.00 bis 17.00 Uhr und
So von 14.00 bis 17.00 Uhr.

Volendam ist „in". Der Touristenrummel ist tagsüber entsprechend groß.

Ansteuerung bei Tag

Volendams Häuser auf dem Deich am Hafen und die beiden Kirchtürme sind gut zu erkennen (siehe auch unter Ansteuerung der Gouwzee).

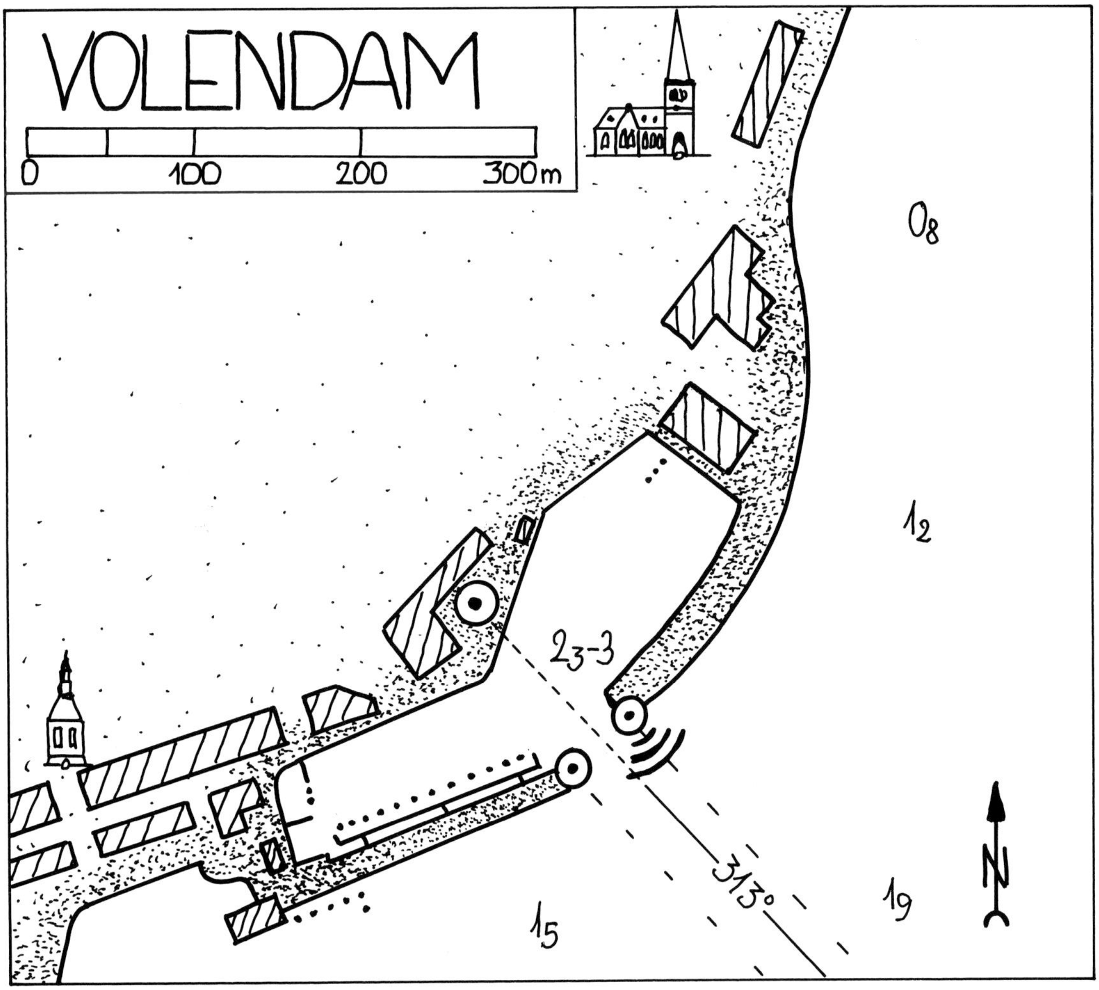

Zum Hafen führt ein betonntes Fahrwasser mit 2,4 m Tiefe, das man ab Tonne VD 1 einhalten sollte, da es vor dem Hafen zu beiden Seiten des Fahrwasser sehr flach wird.
Auf dem Kopf des östlichen Hafendammes steht ein Nebelschallsender, der ggf. alle 2 Minuten einen Ton von 25 s abgibt.

Ansteuerung bei Nacht

Auf der Turmspitze der nördlichen Kirche brennt ein kräftiges rotes Licht (fest). Südöstlich von Volendam steht ein rotes Gleichtakt-Leuchtfeuer (GZ/8, ISO 8 s), das man zuerst ansteuern sollte. Von diesem Leuchtfeuer läuft man mit rw 313 ° zum Hafen und hält dabei das weiße Blitzfeuer (5 s) in der Mitte zwischen den Hafenlichtern (rot/fest und grün/fest).

Hafen

Der Hafen ist 2,7 m tief und für Schiffe bis 15 m Länge zugelassen, wobei die Liegezeit auf max. 1 Woche begrenzt ist.

Versorgung

Duschen/WC
Yachtwerft
Segelmacher
Trailer-Slipbahn
Yachtausrüster
Diesel/Benzin
Motor-Werkstatt
Flaschengas

Volendam: Hafeneinfahrt

Ijmeer

Das Ijmeer ist der südlichste Teil des Ijsselmeeres, südlich der Linie Hoek van't Ij – Insel Pampus – Flevoland-Polder. Es ist größtenteils sehr flach. Bei Starkwind von West bis Nordost baut sich hier sehr schnell ein sehr grober Seegang auf, der für kleinere Fahrzeuge recht gefährlich werden kann. Schutz findet man in Muiden, im Pampushaven, hinter der Insel Hoofd und in der Marina Muiderzand (siehe Plan Seite 84).
Ablaufen in Richtung Goimeer ist nur möglich, wenn die Masthöhe geringer ist als 12,90 m (Hollandse Brug). In der Praxis sollte man mit einer Masthöhe von mehr als 9 m bei auflandigem Starkwind nicht mehr unter der Hollandse Brug durchfahren!

Fluchthafen „Hollandse Brug"

Karte 1810.4

Zu diesem Hafen zweigt bei der Tonne IJM 7/JH 2 eine 3 m tiefe, betonnte Fahrrinne ab. Der Hafen hat eine Wassertiefe von 1,0–1,8 m und ist gegen Wind und Schwell gut geschützt. Nach Osten wird der Hafen durch einen Sanddamm geschützt, der aber etwa 0,5 m unter Wasser liegt. Man darf also nach Osten nicht über den Tonnenstrich hinausfahren.

Marina Muiderzand

Detailkarte 1810.4

Die modern und großzügig eingerichtete Marina Muiderzand liegt 1500 m nördlich der Hollandse Brug im Deichvorland des Flevoland-Polders und ist durch eine gebaggerte, 3 m tiefe Fahrrinne zu erreichen. Die Zufahrt beginnt bei den Tonnen IJM 7/JH 2 (rot/grün) und IJM 6 (grün) und ist nicht befeuert. Die Einfahrt zum Hafen ist mit Hafenlichtern (rot/fest und grün/fest) befeuert.

Versorgung

WC, Duschen, Waschmaschine, Telefonzelle, Diesel, Benzin, Strom und Wasser am Steg, Kran bis 30 t mit stehendem Mast, Entsorgung von Abfall, Altöl, Bilgenwasser (Absaugpumpe), Kinderspielplatz, Campingplatz, Supermarkt, Kinderbauernhof, Restaurant, Segelschule.

Insel Pampus

Karte 1810.2

Die Insel und das Fort Pampus wurden in den Jahren 1887 – 1893 auf 4000 Eichenpfählen als Teil der Befestigung von Amsterdam erbaut. Auf der gut zu sehenden Insel stehen ein Leuchtfeuer (weißes Blitzfeuer, 5s, mit einer Tragweite von 6 sm) und das noch erhaltene Fort. Um die Insel verläuft 0,5 m unter Wasser ein Steinwall. An der Südseite gibt es für Besucher einen Anleger, der für Sportboote zur Besichtigung der Insel und des Forts freigegeben ist. Es ist nicht erlaubt, die Insel selbständig zu betreten oder am Anleger zu übernachten. Führungen (ca. 1 Stunde) täglich um 11.00 und 13.00 Uhr.

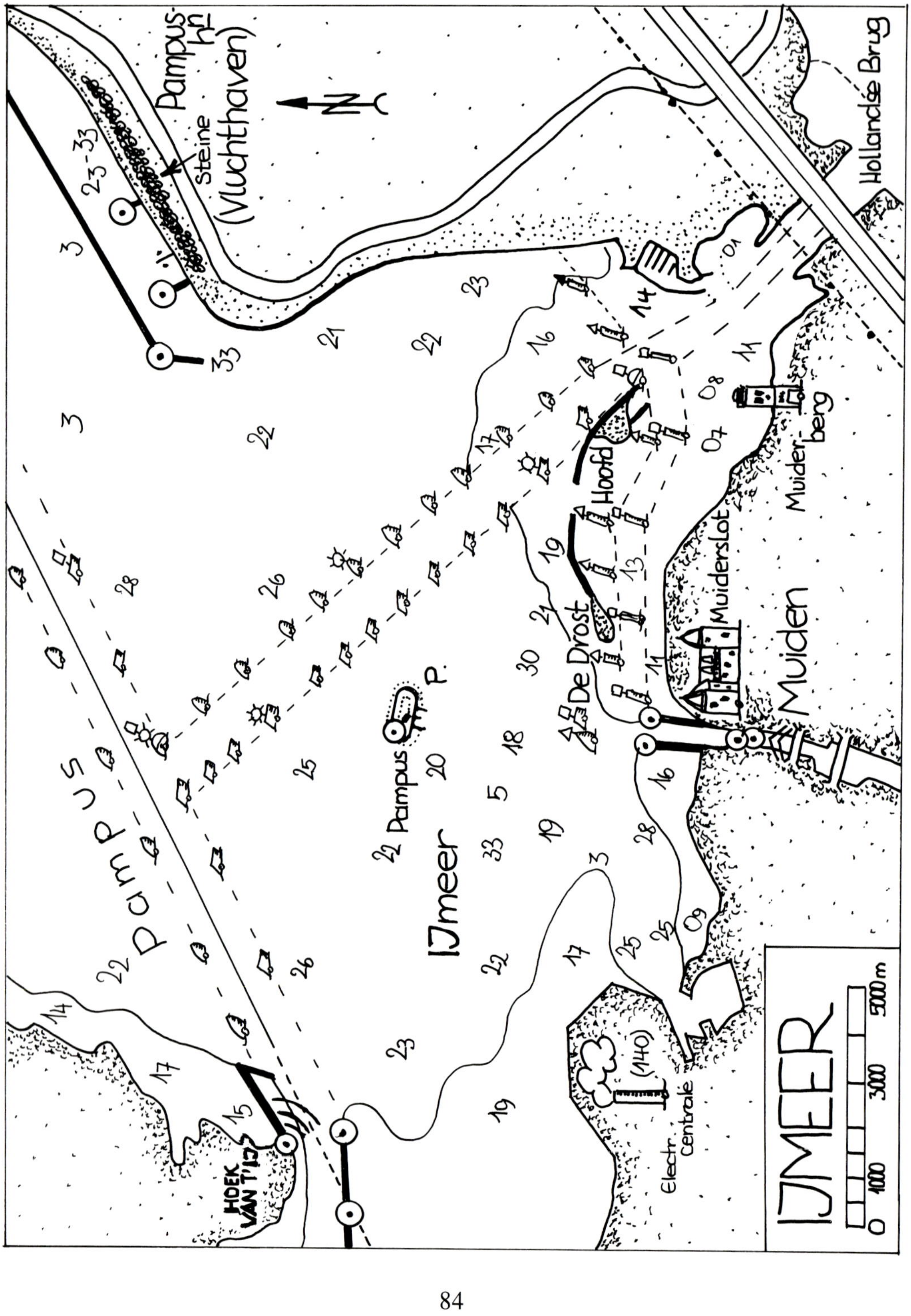
IJMEER
0 1000 3000 5000 m
IJmeer
Pampus
Pampus
P.
Pampus-hn
Steine
(Vluchthaven)
Hollandse Brug
Muiden
Muiderslot
Muider-berg
De Drost
Hoofd
HOEK VAN 'T IJ
Electr. Centrale
(140)

Muiderberg-Fahrwasser

Karte 1810.2

Von Muiden zur Hollandse Brug wird in den Sommermonaten ein geschütztes Fahrwasser durch rote und grüne Treibbaken ausgezeichnet. Es verläuft südlich der Inseln „De Droost“ und „Hoofd“. Auf diesem Weg können kleinere Yachten mit einem Tiefgang bis 1,2 m auch noch bei auflandigem Starkwind fahren und so das gefährliche Flachwassergebiet meiden.
Das Fahrwasser beginnt im Westen zwischen der roten Tonne M 4 und der rotweißen Bake auf dem östlichen Hafendamm von Muiden und endet im Osten bei der Tonne JM 10/MG 1. Zwischen den grünen Treibbaken und den Inseln findet man gegen Schwell geschützte Ankerplätze.

Insel Hoofd

Karte 1810.2

Künstlich angelegte und dicht begrünte Insel mit einem Anleger an der Südostseite. Er ist durch Steindämme gegen Schwell geschützt. Wassertiefe 1,2 m, keine Versorgung.

Pampushaven

Karte 1810.2

Fluchthafen an der SW-Ecke des Flevolandpolders, in dem vor allem Steine und anderes Material für den Deichbau gelagert und umgeschlagen werden. Der Hafen ist recht groß und so angelegt, daß man auch bei auflandigem Sturm unter Segel einlaufen kann. Nach dem Einlaufen hält man sich an Backbord und läuft an den beiden Querdämmen vorbei in das nördliche Becken. Dort kann man auf 2–3 m Wassertiefe ankern. Der Ankergrund ist aber nicht sehr gut. Deshalb sollte man reichlich Kette stecken. Es gibt keine Anlege- oder Versorgungsmöglichkeiten. Der Anleger an der Südostseite ist für Yachten nicht zugelassen.

Ansteuerung bei Tag

Anhaltspunkte sind die großen Steinhaufen direkt am Hafen (in der Karte als „Steenhoop“ eingezeichnet).

Ansteuerung bei Nacht

Es gibt keine weitreichende Befeuerung. Die Hafeneinfahrt ist rot/fest und grün/fest befeuert. Auf dem zweiten Querdamm steht ein grünes Blinklicht (10 s).

Muiden

Karte 1810.2

Muiden liegt an der Mündung des Flüßchens Vecht, dicht bei einer Burg, die im Jahre 1285 erbaut wurde. Auf dem Platz dieser alten Burg steht das „Muiderslot“. Das ist eine Wasserburg, die nach 1947 sorgfältig restauriert wurde.
Die Burg wird als Kulturzentrum und als Mu-

Muiden: Fahrwasser zum Hafen

seum genutzt. Führungen Mo–Fr von 10.00–17.00 Uhr.

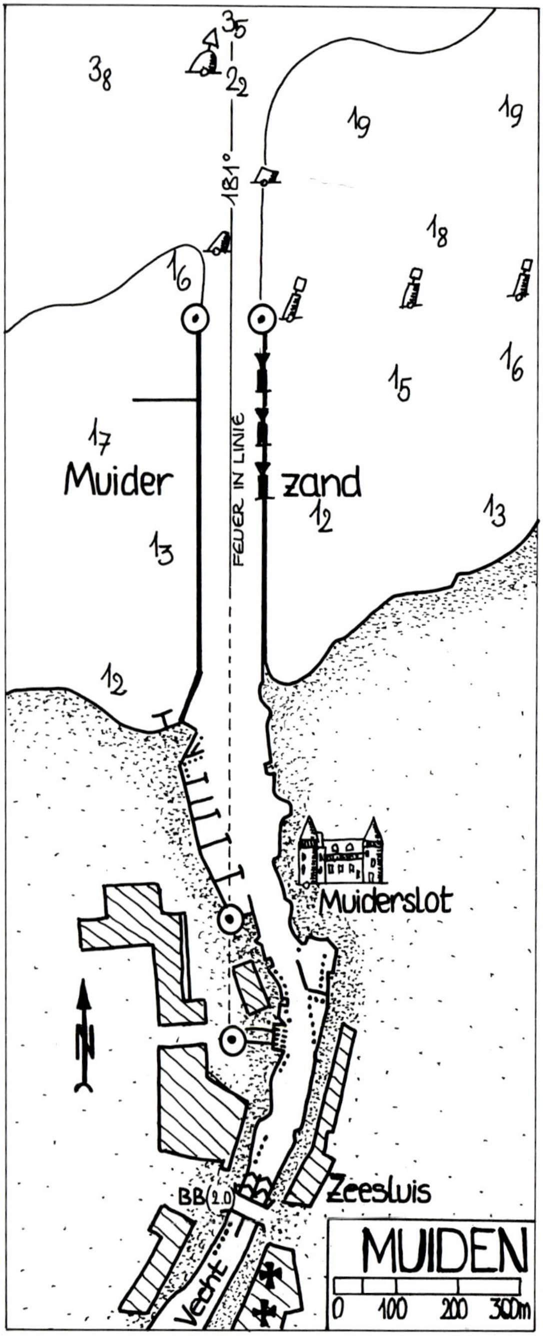

Sehenswert ist auch die reformierte Kirche (N.H. Kerk), deren schwerer Tuffsteinturm so tief in den weichen Boden eingesunken ist, daß nur noch die obere Kante des ursprünglichen Einganges zu sehen ist.

Ansteuerung bei Tag

Die Türme des „Muiderslot" sind gut zu sehen, und das Fahrwasser zum Hafen ist gut betonnt. Der östliche Hafendamm wird bei hohem Wasserstand überspült. Man richtet sich dann nach den roten Baken, die auf dem Damm stehen.

Ansteuerung bei Nacht

Es liegen keine Leuchttonnen am Fahrwasser. In den Hafen führen mit rw 181 ° zwei weiße Funkelfeuer in Linie. Die Hafeneinfahrt ist mit je einem festen roten und grünen Licht befeuert.

Hafen

Die Einfahrt und der Hafen werden durch ständiges Baggern auf 2,2 m Tiefe gehalten. Durch ablandigen Starkwind kann der Wasserstand bis zu 0,8 m fallen.
Liegeplätze findet man einlaufend an Steuerbord im Yachthafen der K.N.Z. & R.V. (Königlich-Niederländische Segel- und Ruder-Vereinigung) oder im Yachthafen Muiden, der etwas weiter an Backbord liegt.
Durch die Zeesluis kann man in die Muider Trekkvaart, die Naarder Trekkvaart und auf der Vecht mit stehendem Mast bis kurz vor Utrecht und zu den „Loosdrechtse Plassen" fahren.
Die Vecht ist ein idyllischer Fluß, der in vielen Windungen durch eine sehr schöne, parkartige Landschaft führt.

Die „Loosdrechtse Plassen“ sind durch Torfabbau entstanden und bilden heute eine erholsame Wasserlandschaft mit vielen Inseln, Anlegeplätzen und Yachthäfen.

Versorgung

Duschen / WC	Diesel / Benzin
Motor-Werkstatt	Mastkran bis 2 to
Slip bis 200 to	Segelmacher
Travellift bis 30 to	Yachtausrüster

Flaschengas / Entsorgung f. chem. Toiletten

Amsterdam ANWB-Karte „I“

Diese Stadt zu beschreiben würde den Rahmen dieses Buches sprengen. Deshalb folgen hier nur einige Angaben, die für den Wassersportler wichtig sind:
Amsterdam ist und bleibt immer eine aufregend schöne und interessante Stadt, die für jeden Besucher etwas bietet. Aber es ist auch eine Stadt mit einer erschreckend hohen Kriminalität, die den Besucher zwingt, sich entsprechend vorzusehen. Es gibt sehr viele Liegeplätze; aber nur ein Hafen ist einigermaßen sicher: der

Sixhaven

Er liegt mitten in der Stadt, gegenüber dem Hauptbahnhof. Er ist rundherum abgeschlossen, hat landseitig und vom Wasser her jeweils nur einen Zugang. Er liegt für Kriminelle taktisch so ungünstig, daß das Risiko, erwischt zu werden einfach zu groß ist.
Um von hier ins Zentrum der Stadt zu gelangen, geht man etwa 5 Minuten und setzt mit einer Fähre (Betrieb rund um die Uhr) über zum Hauptbahnhof, der mitten in der Stadt liegt.

Amsterdam: Einfahrt zum Sixhaven

Wertsachen, Geld und Papiere sollte man so bei sich tragen, daß sie nicht geraubt werden können: Unter der Oberbekleidung!

Ansteuerung bei Tag Karte 1810.2

Vom „het Paard van Marken“, dem großen Leuchtturm auf der Insel Marken, hält man mit rw 212 ° auf den 140 m hohen Schornstein der Elektrizitätszentrale westlich von Muiden und gelangt zwangsläufig in das Fahrwasser „Pampus“.
Von Lelystad (Houtribsluizen) segelt man mit rw 242 ° parallel zum Oostvaardersdijk nach Südwesten bis in das „Pampus“-Fahrwasser. Dabei läßt man die Tonnen L-S, OVD, Bvk und PH an Steuerbord.
Das „Pampus“-Fahrwasser ist sehr gut betonnt und führt am Leuchtturm „Hoek van't Ij“ vorbei in das Fahrwasser „Buiten Ij“.
Kommt man von den Randmeeren oder von Muiden, so kann zunächst auf die Insel Pampus und dann auf den Leuchtturm Hoek van't Ij navigieren.
Der weitere Weg bis nach Amsterdam ergibt

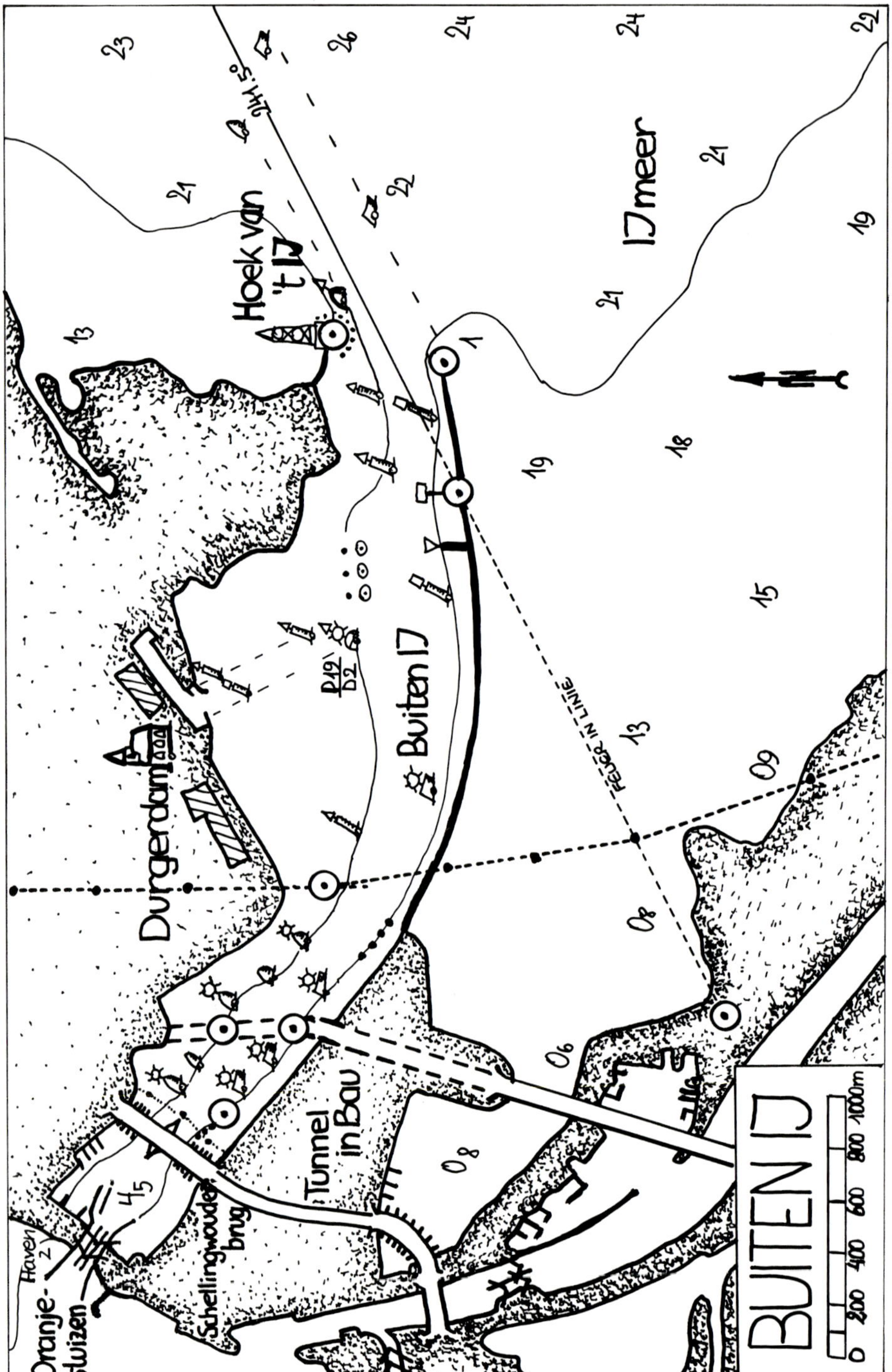
BUITEN IJ
0 200 400 600 800 1000m
IJmeer
Hoek van 't IJ
Durgerdam
Buiten IJ
Tunnel in Bau
Schellingwouder brug
Oranje-sluizen
Haven 2
FEUER IN LINIE

sich zwangsläufig durch den natürlichen Verlauf des Fahrwassers und ist auch recht gut betonnt: Immer geradeaus!
Eine halbe Meile westlich zweigt ein betonntes Fahrwasser Nordwesten ab. Es führt in den Hafen von Durgerdam.

Ansteuerung bei Nacht

Der 140 m hohe Schornstein der Elektrizitätszentrale westlich von Muiden eignet sich auch nachts als Orientierungshilfe, denn er ist mit festen roten Lichtern befeuert.
Achteraus bietet sich der Leuchtturm von Marken an: Er ist 16 Meter hoch und hat ein unterbrochenes weißes Licht (8 s) mit einer Tragweite von 9 sm.
Von Lelystad (Houtribsluizen) kommend hat man Leuchttonnen auf dem Weg mit rw 242 ° zum Pampus-Fahrwasser:

Tonne L-S (Blinkfeuer weiß, 10 s)
Tonne OVD (Gleichtakt weiß, 8 s)
Tonne BVK (Gleichtakt weiß, 6 s)
Tonne PH (Blinkfeuer weiß, 10 s)

Von der Ansteuerungs-Leuchttonne des Pampus-Fahrwassers P1 (Gleichtakt grün, 8 s) führen 2 weiße Funkelfeuer in Linie mit rw 241,5 ° zum Buiten Ij.
Auch das Leuchtfeuer Hoek van't Ij (Unterbrochen weiß, 5 s, Tragweite 11 sm) und das Leuchtfeuer auf der Insel Pampus (Blitzfeuer weiß 5 s, Tragweite 6 sm) sind unverwechselbar und bieten sichere Orientierung.
Auf dem Leuchtturm Hoek van't Ij befindet sich ein Nebelschallsender mit folgender Kennung: Alle 10,6 s ein Ton von 2,6 s.
Das Fahrwasser Buiten Ij ist sehr gut befeuert, so daß auch für Ortsfremde das Einlaufen ohne Probleme möglich ist (siehe Detailkarte auf Karte 1810.2).

Durgerdam

Karte 1810.2

Das ist ein nettes kleines Dorf am Deich, ohne besondere Sehenswürdigkeiten. Der Hafen ist nicht groß und hat auch nur wenig zu bieten. Sein Vorteil ist die Nähe zu Amsterdam und die schnelle Bus-Verbindung in die Stadt. Die Wassertiefe beträgt 1,8 m. Bei anhaltendem Starkwind aus Südwesten ist sie geringer.
Vor dem Hafen kann man zu beiden Seiten der Fahrrinne ankern und liegt dort geschützt gegen Wind von West bis Ost, jedoch nicht vor Schwell aus dem Fahrwasser Buiten Ij.

Ansteuerung bei Tag

Bei der rot-grünen Leuchttonne P19/D2 zweigt ein betonntes Fahrwasser zum Hafen Durgerdam ab. Die Rinne ist etwa 1,8 m tief. Außerhalb wird es schnell flach.

Ansteuerung bei Nacht

Östlich der Leuchttonne P19/D2 (grünes

Hoek van t'Ij: Leuchtturm von Osten

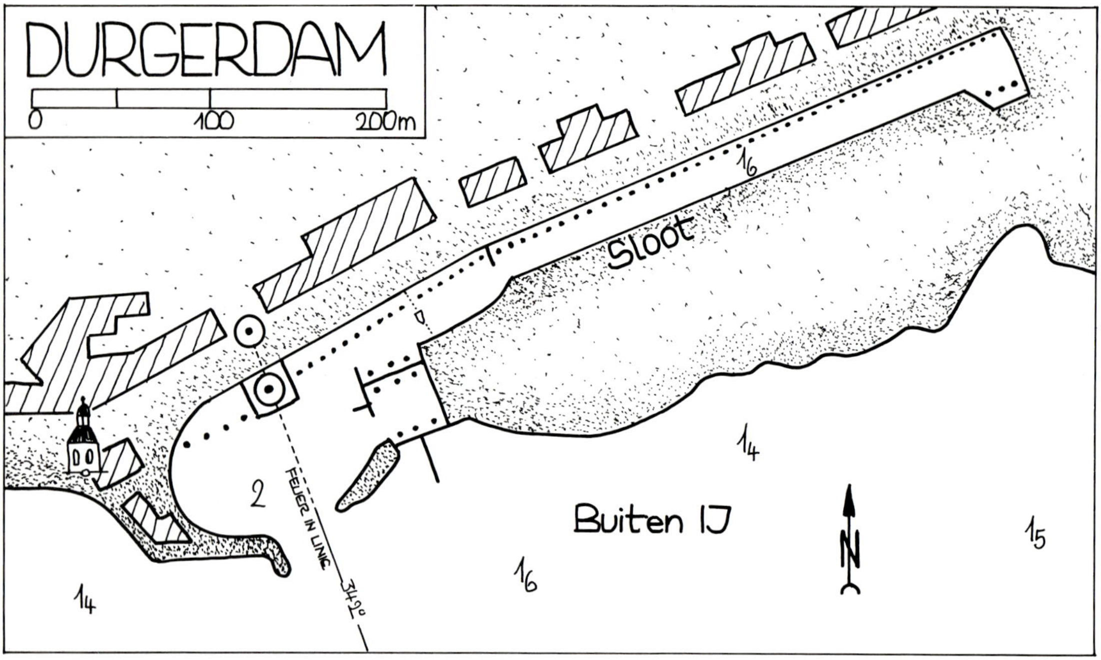

Durgerdam: Ankerplätze unmittelbar vor dem Hafen

Funkellicht) stehen sechs große Dalben im Wasser. Davon sind nur drei (die an der Fahrwasserseite) mit je einem weißen Licht versehen. Deshalb muß man unbedingt im Fahrwasser bleiben bis zur o.a. Leuchttonne. Dort angekommen, sieht man zwei rote Feuer (fest) in Linie, die direkt in den Hafen führen.

Versorgung

Yachtwerft	Abfallbehälter
Trinkwasser	Duschen / WC

Schellingwouderbrug Karte 1810.2

Deren fester Teil weist eine Durchfahrtshöhe von 8,1 m (IJZP) auf. In der Mitte ist sie 20 cm höher. Brückenpegel sind an den Brückenpfeilern angebracht. Durch Windeinfluß sind Abweichungen bis zu 1 m möglich. Die Hebebrücke an der Nordseite wird nicht auf Anforderung, sondern nur zu festen Zeiten bedient:
Für Yachten alle halbe Stunde in der Zeit
Mo–Fr: 6.00–7.00, 9.00–16.00 und 18.00–22.00 Uhr.
Sa: 6.00–22.00 Uhr.
So: 9.00–21.00
Wird die Brücke für die Berufsschiffahrt geöffnet, so können Yachten ebenfalls durchfahren. Bei Winden über 7 Bf wird die Brücke nicht mehr geöffnet.
500 m nordwestlich der Brücke liegen die

Oranjesluizen Karte 1810.2

Der Schleusenkomplex besteht aus drei Schleusen und einer Spülschleuse, die jederzeit kostenlos bedinet werden.

Sportfahrzeuge dürfen zu beiden Seiten der Schleuse nur hinter den nördlichen Bollwerken warten. Es gibt dort einen Schwimmsteg, der für kleine Fahrzeuge eingerichtet ist, eine Gegensprechanlage zum Schleusenmeister und eine separate, durch Ampeln geregelte Zufahrt zur Schleuse. Das Übernachten an den Schwimmstegen und das Festmachen an den Dalben vor der Schleuse ist nicht erlaubt. Beim Anlegen auf eventuelle Strömung aus der Spülschleuse achten:
– Drei rote Lichter im Dreieck, Spitze nach oben: Strom in Richtung Ijsselmeer.
– Drei rote Lichter im Dreieck, Spitze nach unten: Strom in Richtung Amsterdam.
Der Spülbeginn wird 1 Stunde vorher durch drei rote Lichter nebeneinander angezeigt. Die Einfahrt in die Schleuse wird neben den üblichen Lichtsignalen durch Lautsprecher geregelt.
Die Lichtsignale müssen auch dann befolgt werden, wenn die Schleuse offensteht!
UKW-Kanal 18. Anruf: Oranjesluizen.
An der Nordwestseite der Oranjeschleuse befindet sich der Yachthafen der „W.V. Zuiderzee“. Der Hafen ist unruhig und sehr spartanisch eingerichtet.
Der weitere Weg bis Amsterdam ist nicht mehr auf der Seekarte 1810 verzeichnet. Erforderlich ist nun die ANWB-Karte „I“ oder die Seekarte H 1543.

Yachtanleger Orangesluizen

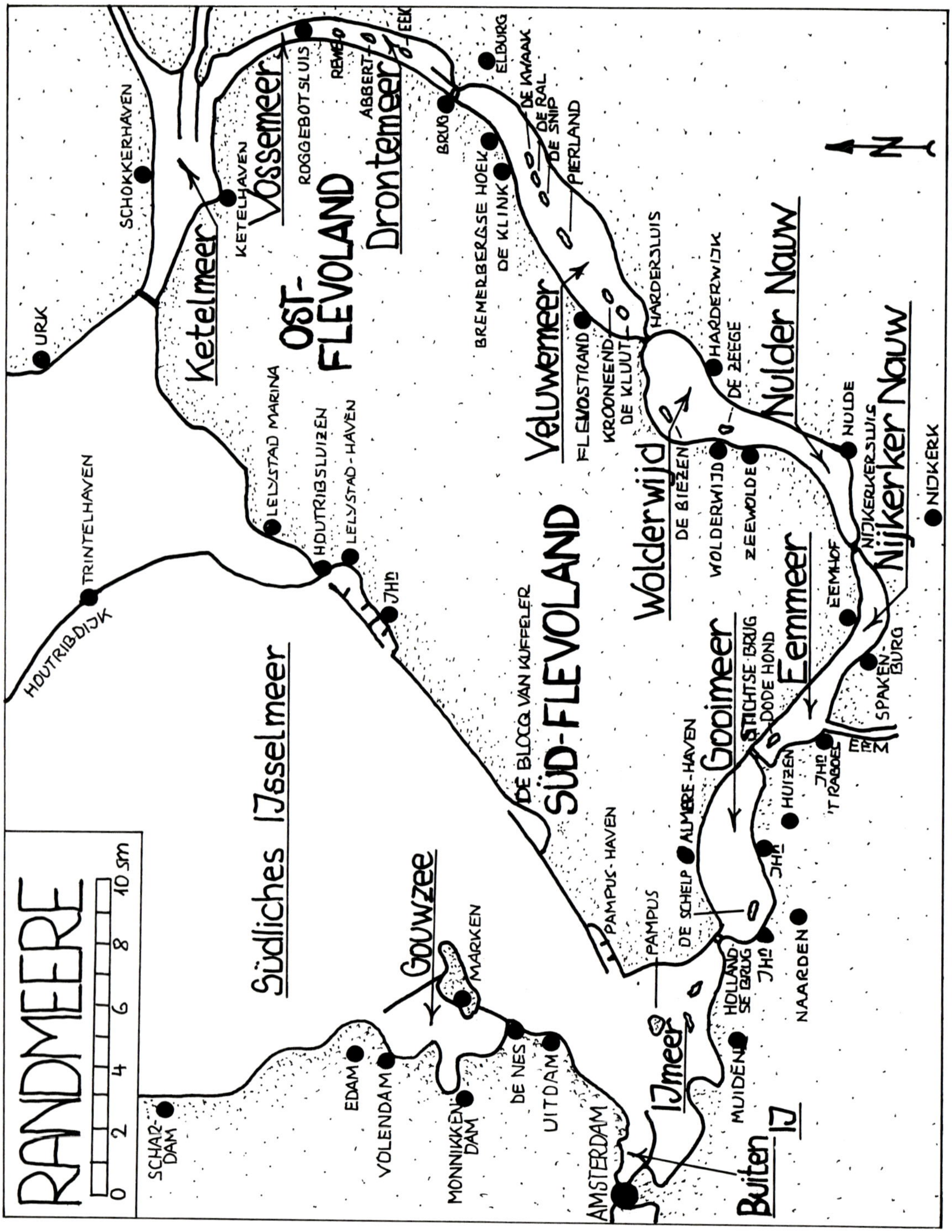
RANDMEERE
0 2 4 6 8 10 sm
Südliches IJsselmeer
Gouwzee
IJmeer
Buiten IJ
Gooimeer
Eemmeer
Nijkerker Nauw
Nulder Nauw
Wolderwijd
Veluwemeer
Drontemeer
Vossemeer
Ketelmeer
OST-FLEVOLAND
SÜD-FLEVOLAND
URK
SCHOKKERHAVEN
KETELHAVEN
ROGGEBOTSLUIS
ELBURG
DE KWAAK
DE RAL
DE SNIP
PIERLAND
BRUG
BREMERBERGSE HOEK
DE KLINK
HARDERSLUIS
HARDERWIJK
DE ZEEGE
FLEVOSTRAND
KROONEEND
DE KLUUT
DE BIEZEN
WOLDERWIJD
ZEEWOLDE
NULDE
NIJKERKERSLUIS
NIJKERK
EEMHOF
SPAKENBURG
STICHTSE BRUG
DODE HOND
JHn 'T RABOES
HUIZEN
ALMERE-HAVEN
DE SCHELP
PAMPUS
PAMPUS-HAVEN
NAARDEN
HOLLANDSE BRUG
MUIDEN
AMSTERDAM
SCHARDAM
EDAM
VOLENDAM
MONNIKKENDAM
MARKEN
DE NES
UITDAM
HOUTRIBDIJK
TRINTELHAVEN
LELYSTAD MARINA
HOUTRIBSLUIZEN
LELYSTAD-HAVEN
DE BLOCQ VAN KUFFELER
N

Die Randmeere

Die Randmeere sind die nach der Einpolderung von Flevoland östlich und südlich des Flevolandpolders übriggebliebenen Wasserflächen (Karten 1810.1, 1810.4 und 1810.5).
Beschrieben werden nachstehend die Häfen, Schleusen, Brücken und Fahrwasser vom Ketelmeer, Zwarte Meer, Vossemeer, Drontermeer, Veluwemeer, Wolderwijd, Eemmeer und Gooimeer.
Die Beschreibungen erfolgen nicht in alphabetischer, sondern in natürlicher Reihenfolge. So, als ob man, bei der Ketelbrug im Norden beginnend, östlich um den Flevolandpolder herum bis zur Hollandse Brug im Süden, fahren würde.
Diese Route ist insgesamt 79 Kilometer lang und kann mit stehendem Mast bis 12,9 m Höhe befahren werden.
Schiffe mit höheren Masten können das Gooimeer zwischen der „Hollandse Brug" und der „Stichtse Brug" nicht erreichen; denn beiden Brücken sind nicht beweglich und weisen eine Durchfahrtshöhe von max. 12,9 m auf, die sich noch durch Windeinfluß verringern kann.
Die Randmeere sind ein ruhiges und geschütztes Revier, das sich besonders gut für kleinere Boote (z.B. Jollen und Jollenkreuzer) und für Familien mit kleineren Kindern eignet.

Das Ketelmeer

Karte 1810.5

Es liegt zwischen dem Flevolandpolder im Süden und dem Noordoostpolder im Norden. Es hat Verbindung über das Ramsdiep mit dem Zwarte Meer, durch das Keteldiep mit der Ijssel (das ist der Fluß, der hier in das Ijsselmeer mündet und diesem den Namen gab), im Südosten mit dem Vossemeer und im Westen mit dem Ijsselmeer.
Am nördlichen Ufer des Ketelmeeres liegt der

Schokkerhaven

Karte 1810.5

Das ist ein Werkhafen des „Rijkswaterstaat", der Behörde, die in den Niederlanden für den Bau und die Unterhaltung von Wasserstraßen, Häfen, Deichen, Schleusen usw. zuständig ist.

Ansteuerung bei Tag

Der Hafen kann aus allen Richtungen ohne Schwierigkeiten direkt angelaufen werden. Es gibt jedoch keine besonderen Anhaltspunkte. Die Einfahrt liegt an der Ostseite. Vor der Einfahrt muß man mit einer starken Strömung rechnen, deren Richtung vorwiegend vom Wind bestimmt wird.

Nebelsignale

Auf dem Hafendamm steht ein Nautofoon (Nebelschallsender) mit der Kennung: Ton 1 s, Pause 3 s, ständig wiederholend.

Ansteuerung bei Nacht

Auf dem Kopf der südlichen Hafenmole steht ein Gleichtaktfeuer mit Sektoren rot und weiß (ISO 4 s).

Auf dem Kopf der nördlichen Mole steht ein festes grünes Licht.
An der Binnenkante des Hafendammes steht ein festes Licht mit einem roten Sektor, das man in der Mitte zwischen dem roten Gleichtaktfeuer und dem festen grünen Licht halten muß, um in den Hafen zu fahren.

Hafen

Liegeplätze gibt es an einem Anleger in der Hafenmündung (wenig Wind- und Schwellschutz) und an der Westseite des Hafens, wo man im Schutz von hohen Bäumen und Büschen recht gut liegen kann. Hier dürfen Yachten bis 9 m Länge bis zu 2 x 24 Std. kostenlos liegen. Das Schiff darf nicht unbeaufsichtigt bleiben.
An der Pier darf nur nach Absprache mit dem Hafenmeister (Tel. 05276/23 10) angelegt werden.
Versorgung: Wasser, Toiletten, Abfallbehälter.

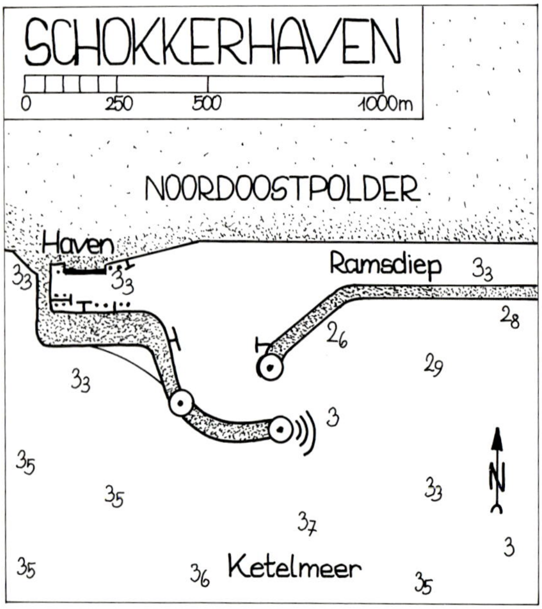

Ketelhaven

Karte 1810.5

Ketelhaven liegt am Südufer des Ketelmeeres. Im Schleusenvorhafen liegt der Yachthafen „Intermarina Ketelhaven". An dessen Ostseite liegt der Yachthafen „Ketelmeer". Beide Häfen sind bis 2,4 m Tiefgang erreichbar.
Zwischen den beiden Häfen liegen ein sehr schönes Restaurant und das „Museum voor Scheepsarchäologie Ketelhaven".
In diesem sehr sehenswerten Museum wird gezeigt, was bei der Trockenlegung der Ijsselmeerpolder auf dem ehemaligen Zuiderseeboden gefunden wurde:
Zivilisationsspuren aus frühester Vergangenheit, ein Handelsschiff, das im 17. Jahrhundert untergegangen ist, Inventar und Ausrüstung gesunkener und wieder aus dem Schlick geborgener Schiffe sowie Gegenstände des täglichen Lebens aus der Zeit vom 14. bis zum 20. Jahrhundert.

Ketelhaven: Yachthafen „Ketelmeer"

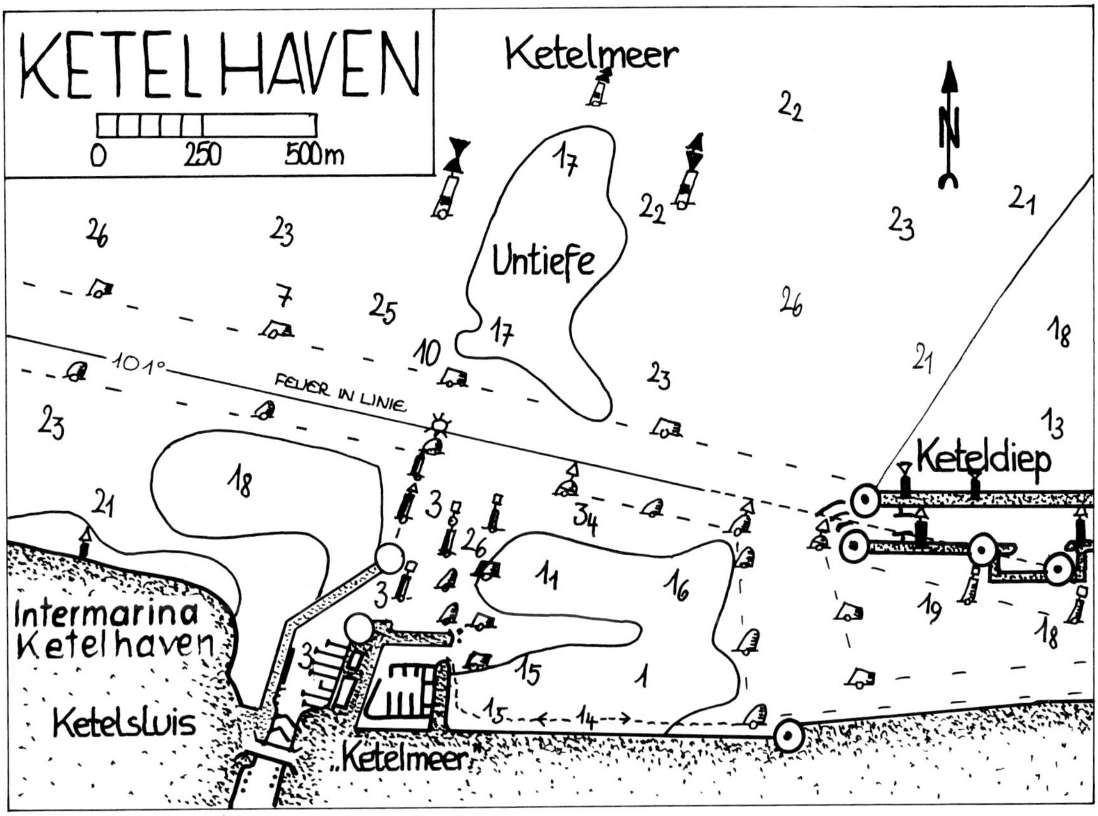

Öffnungszeiten: Täglich von 10.00–17.00 Uhr.

Ansteuerung bei Tag

Vor dem Ketelhaven liegen mehrere Untiefen, die alle gut betonnt sind.
Von Westen läuft man zur Tonne WK-1, folgt dem betonnten Fahrwasser bis zu der Tonne WK-7 und läuft dann nach Süden zum Schleusenhafen oder zum Yachthafen.
Von Osten, vom Keteldiep oder vom Vossemeer, folgt man dem betonnten Fahrwasser bis zur Tonne WK-7.
Für Fahrzeuge bis zu einem Tiefgang von 1,2 m gibt es vom Vossemeer zum Ketelhaven einen direkten Weg am Deich entlang, der auf der Seekarte als rote gestrichelte Linie eingezeichnet ist.

Ansteuerung bei Nacht

Die Untiefen nördlich des Hafens sind zwar betonnt, jedoch nicht befeuert. Deshalb muß die Leuchttonne WK-1 (Gleichtaktfeuer, grün, 4 s) angesteuert werden. Danach hilft eine weiße Gleichtakt-Feuerlinie (ISO 8 s) mit rw. 101 ° weiter bis zu der Leuchttonne WK 7 (Gleichtakt grün, 8 s) Der Schleusenhafen ist mit je einem festen roten bzw. grünen Licht befeuert. Die Einfahrt zum Yachthafen ist nicht befeuert!

Versorgung

Intermarina Ketelhaven:
WC, Duschen, Diesel, Benzin, Motoren-Werkstatt, Trinkwasser, Abfallbehälter.

Jachthaven Ketelmeer:
WC, Duschen, Restaurant, Telefon, Trinkwasser, Strom und Wasser am Steg.

Ketelsluis Karte 1810.5

Die Ketelschleuse ermöglicht den Zugang zu den Fahrwassern von Ost-Flevolands. Die Durchfahrtshöhe ist auf 5,9 m begrenzt, siehe Almanak, deel 2, unter Flevoland.

Zwarte Meer Karte 1810.5

Das Zwarte Meer liegt östlich vom Ketelmeer und ist mit diesem durch das 3 m tiefe und gut betonnte Fahrwasser „Ramsdiep" verbunden.
Es ist sehr flach und außerhalb der betonnten Fahrwasser kaum zu befahren. Die 1,3 m-Linie wird durch grüne Tonnen bezeichnet. Dabei ist zu bedenken, daß sich der Wasserstand durch Windeinfluß beträchtlich ändern kann: Bei Westwind höher, bei Ostwind niedriger.
Das Zwarte Meer ist Naturschutzgebiet, und die Inseln sind Vogelschutzgebiete. Sie dürfen nicht angelaufen und nicht betreten werden. Es gibt keine akzeptablen Liegeplätze und auch keine brauchbaren Ankerplätze.
Auch das sich im Südwesten des Ketelmeeres anschließende

Vossemeer Karte 1810.5

ist sehr flach, so daß man das gebaggerte und sehr gut betonnte Fahrwasser nicht verlassen sollte.
Für die Nachtfahrt gibt es Leuchtfeuer auf dem Vossemeerdijk (Westseite). Die roten Tonnen an Backbord (Ostseite) sind alle nicht beleuchtet.
Die Insel „De Zwaan" ist Naturschutzgebiet. Das Anlegen und Betreten ist nicht gestattet.
Im Vossemeer gibt es keine Anlegemöglichkeiten außer denen direkt vor der

Roggebotsluis Karte 1810.5

Vor der Schleuse darf man nicht im Fahrwasser warten bis zur Einfahrt in die Schleuse. Man muß anlegen! Dabei dürfen Yachten nur den Anleger an der Ostseite benutzen. Der westliche Anleger ist für die Berufsschiffahrt reserviert. Das Einlaufen in die Schleuse erfolgt nach Anweisung des Schleusenmeisters, der die Schiffe so aufruft, daß er die Straßenbrücke über der Schleuse so schnell wie möglich wieder schließen kann. Die niedrigeren Fahrzeuge fahren dann unter der geschlossenen Brücke (5,2 m) in die Schleuse.
Die Schleuse wird von April bis Oktober kostenlos zu folgenden Zeiten bedient:
Mo–Fr: 07.00–12.30 und 13.00–19.00 Uhr
So. 10.00–12.30 und 13.30–19.00 Uhr
Tel. Schleusenmeister: (03210) 26 97.
Wenn gespült wird, stehen die Schleusentore offen. Auch dann gelten die Lichtsignale!

Anlegeplätze

– Anleger des Bungalowpark „LIDO" (Ostseite)
– Anleger am Westufer unmittelbar vor der Schleuse, gegen westliche Winde sehr gut geschützt.

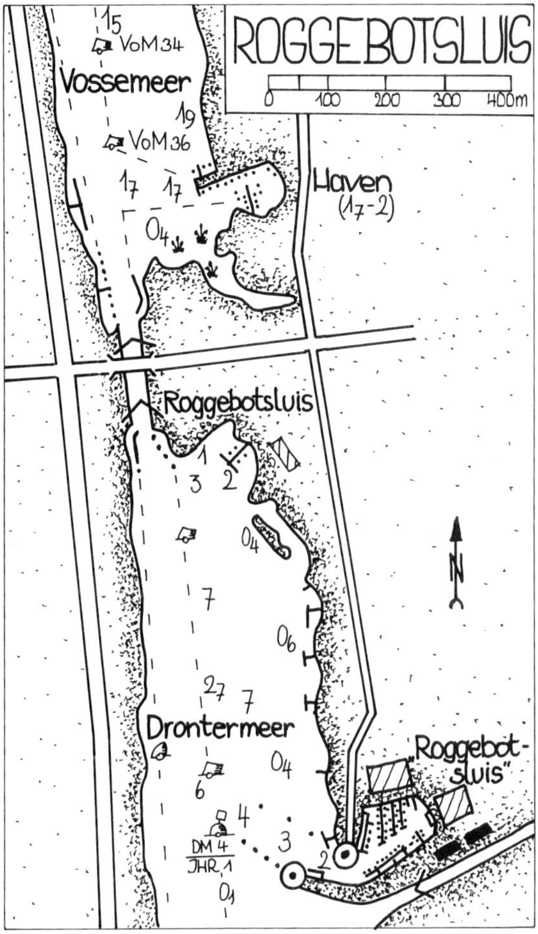

Roggebotsluis: Der Anleger am Westufer

Drontermeer

Karte 1810.5

Das Drontermeer erstreckt sich, 11 km lang, bis zur Brücke von Elburg. Die Inseln „Reve“ und „Abbert“ sind Naturschutzgebiete, Anlegen und Betreten sind nicht gestattet.

Anlegemöglichkeiten

Unmittelbar südlich der Roggebotsluis ist der Anleger des Restaurants „'t Haasje“ (an der Ostseite, bis 1,5 m Tiefgang). 700 m südlich der Schleuse, ebenfalls am Ostufer, liegt der Yachthafen „Roggebotsluis“, dessen Zufahrt betonnt ist. Die Einfahrt ist mit je einem festen roten bzw. grünen Licht befeuert. Tiefgang bis 2 m.

Versorgung

Duschen/WC	Kran, 8 t
Waschsalon	Trinkwasser
Abfallbehälter	Telefon

Entsorgung für Chemie-Toiletten.
Tel. Hafenmeister: (05202) 1 24 02.
An der Polderseite (Westseite) gibt es einen

Roggebotsluis / Südseite

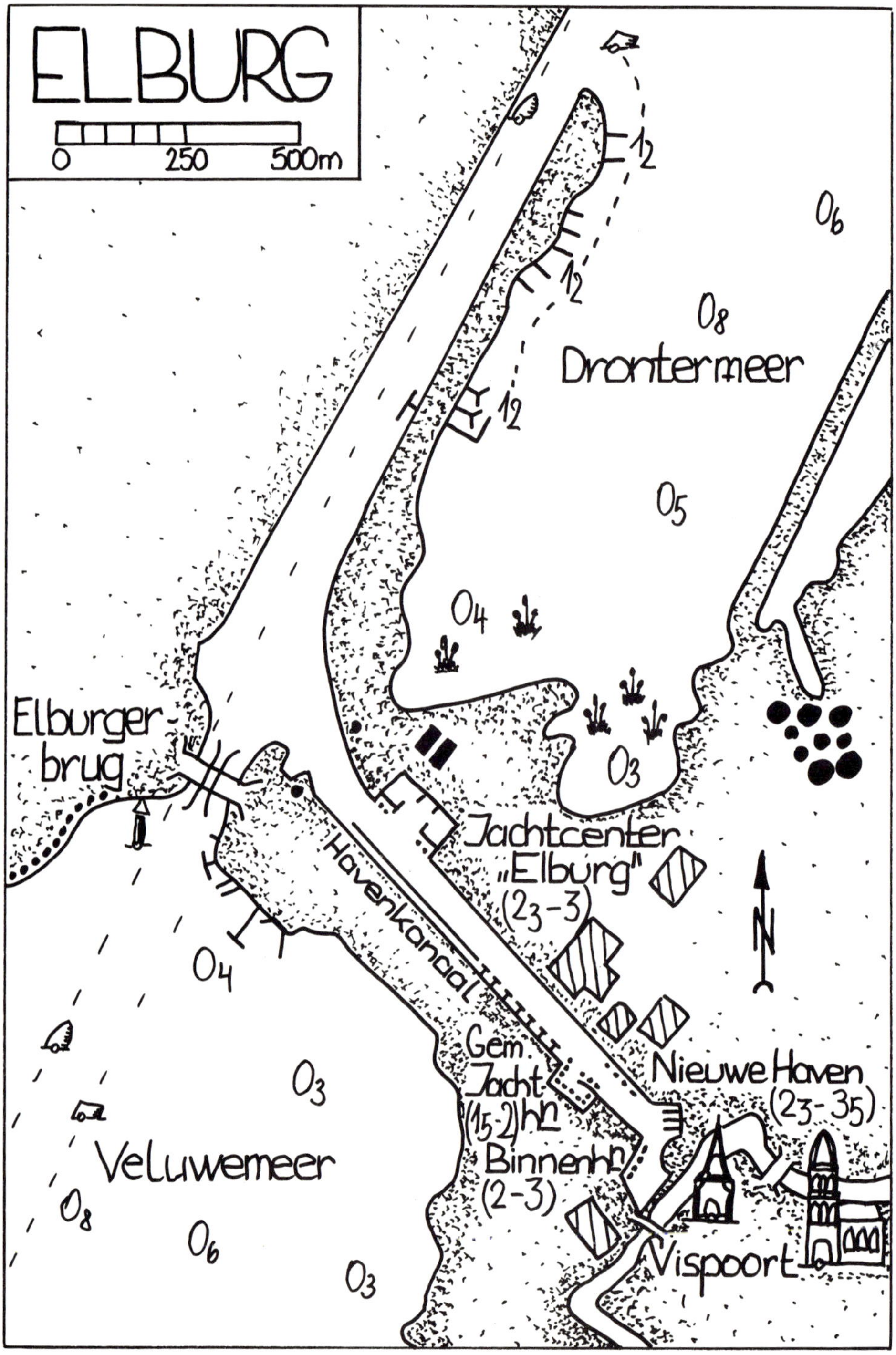
ELBURG
0
250
500m
Drontermeer
Elburgerbrug
Havenkanaal
Jachtcenter
„Elburg"
(2,3-3)
Gem
Jacht
(1,5-2)hn
Binnenhn
(2-3)
Nieuwe Haven
(2,3-3,5)
Vispoort
Veluwemeer
N

kleinen Privathafen für Boote bis max. 8 m Länge sowie mehrere Anlegeplätze, die hinter Schilfgürteln liegen. Sie sind bis 1,5 m Tiefgang erreichbar. Man liegt da kostenlos und sehr schön im Grünen. Es gibt jedoch keine Versorgungseinrichtungen.
An der Insel „Eek“ gibt es einen kleinen, sehr schön gelegenen Hafen, der durch hohe Bäume geschützt und bis 1,2 m Tiefgang erreichbar ist.
Am südlichen Ende des Drontermeeres, hinter dem Damm vor der „Elburgerbrug“, liegt der Yachthafen der „W.V. Adm.v. Kinsbergen“ mit einer Wassertiefe von 1,3 m.
Unmittelbar vor der Elburger Brug mündet an der Ostseite der Hafenkanal von Elburg.

Elburg

Karte 1810.5

Durch den Hafenkanal gelangt man bis in den Binnenhafen des alten, ehemals befestigten Hafenstädtchens. Elburg wurde nicht am Ufer des Ijsselmeeres, sondern etwas weiter landeinwärts gebaut, um bei Sturmfluten etwas schützendes Vorland zu haben. Es erhielt die Stadtrechte schon im Jahre 1233 und trieb während der Hansezeit lebhaften Handel mit England, Belgien und den Hansestädten in der Ostsee.
Die Wallanlagen, der Wassergraben und das „Vischertoor“ sind noch erhalten geblieben und ebenso wie das alte Stadtbild innerhalb der Stadtmauern einen Besuch wert.
Elburg war aber auch immer eine Fischerstadt. Noch Anfangs der dreißiger Jahre dieses Jahrhunderts lagen im alten Fischerhafen über einhundert Botter. Das „Vischpoort“ war in alten Zeiten die Landmarke für die nach Hause segelnden Fischer.
Das Fischereimuseum, Vischpoortstraat 33, zeigt die Entwicklung der Fischerei von Elburg. Es ist von Mai bis September täglich von 09.30–12.00 Uhr und von 14.00–17.00 Uhr geöffnet.

Elburg: „Gemeindejachthaven“

Häfen

Einlaufend an der Backbordseite liegt zunächst das „Jachtcenter Elburg“, eine sehr moderne Marina. Danach an der Steuerbordseite der Gemeindeyachthafen, der nur für Boote bis etwa 10 m geeignet ist, und etwas weiter der alte Binnenhafen, der im Sommer häufig sehr stark belegt ist. Trotzdem liegt man hier, unmittelbar vor der alten Stadt, recht gut.

Versorgung

Diesel	Trailer-Slipbahn
Flaschengas	Duschen / WC
Abfallbehälter	Restaurant
Segelmacher	Waschmaschine
Travellift	Yachtausrüster
Motor-Werkstatt	Yachtwerft

Entsorgung für Chemietoiletten
Kran bis 32 t mit stehendem Mast

Veluwemeer

Karte 1810.5

Südlich der Elburgerbrug beginnt das Veluwemeer, das anfangs recht schmal und sehr flach ist. Das Fahrwasser ist jedoch gut betonnt und auch ausreichend befeuert: An Steuerbord grüne Gleichtaktfeuer, an Backbord rote Blinkfeuer. Kennungen siehe Karte.

De Klink

Der kleine Yachthafen liegt sehr hübsch, rundum im Grünen, an der Nordseite des Veluwemeer, bei der Tonne 22 und ist 2 m tief. Es gibt ein sehr schönes Restaurant und neben dem Hafen Sandstrand zum Baden. Nur 2 km entfernt liegt der „Flevohof“, ein ständig geöffneter Landwirtschaftspark.

Versorgung

WC, Duschen, Wasser und Strom am Steg.

Bremerbergse Hoek

Karte 1810.5

Bei der Fahrwassertonne VM 35 / JHB 2 liegt an der Nordseite des Veluwemeeres der Yachthafen „Bremerbergse Hoek“. Er ist gut eingerichtet und bietet schöne Liegeplätze. Die Hafeneinfahrt ist betonnt, jedoch nicht befeuert.

Versorgung

WC / Duschen, Trinkwasser, Waschmaschine, Abfallbehälter, Flaschengas, Zeltplätze, Diesel, Strom und Wasser am Steg, Motor- und Segel-Werkstatt, Supermarkt, Yachtausrüster, Kinderspielplatz, Sauna, Grillhütte, Fahrradverleih, Restaurant, Entsorgung für Altöl und Chemietoiletten, Trailer-Slipbahn, Kran bis 10 t

Die Inseln „De Kwak“, „De Snip“ und „De Kluut“ sind allgemein zugänglich, bieten aber keinerlei Einrichtungen.

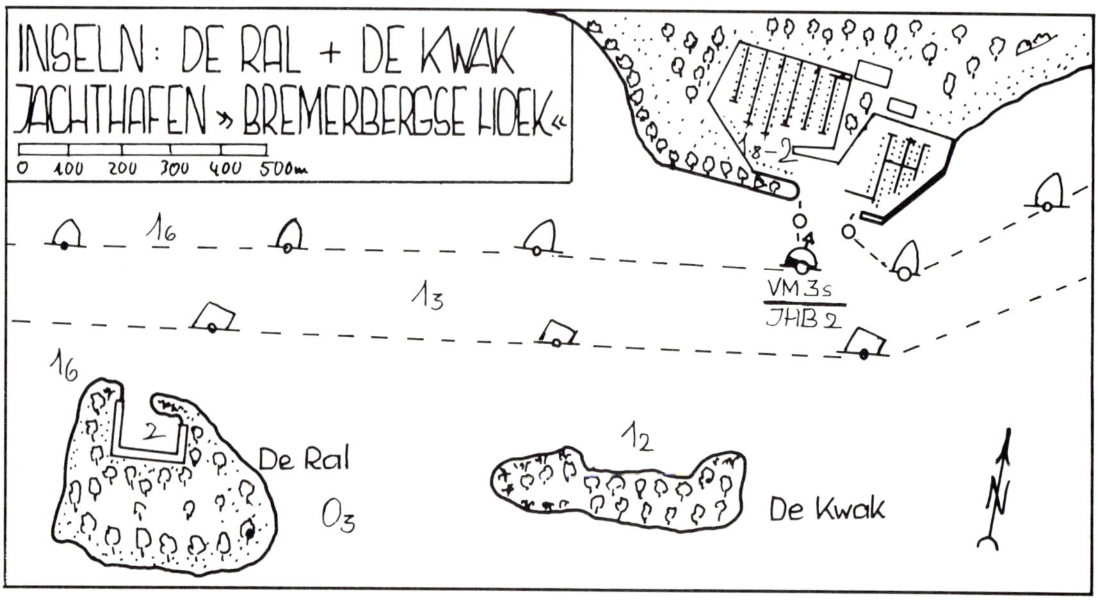

Die Insel *„De Ral"* gegenüber der „Bremerbergse Hoek" hat einen durch Bäume und Dämme gegen Wind und Schwell gut geschützten Hafen mit einer Wassertiefe von 2 m. Die Insel ist für das sog. „Aqua-Camping" eingerichtet.
Die Insel *„Pierland"* umschließt atollförmig einen kleinen Hafen, ca. 150 x 250 m groß. Er hat eine Wassertiefe von 2 m. Die Zufahrt ist betonnt, kann aber zeitweise versanden. Es gibt Anlegeplätze, man darf die Insel betreten und dort auch Zelte aufschlagen. Es gibt jedoch keinerlei Versorgung.
Die Insel *„De Krooneend"* ist Naturschutzgebiet und darf nicht betreten werden. Gegenüber der Insel „De Krooneend" liegt der Yachthafen Flevostrand.

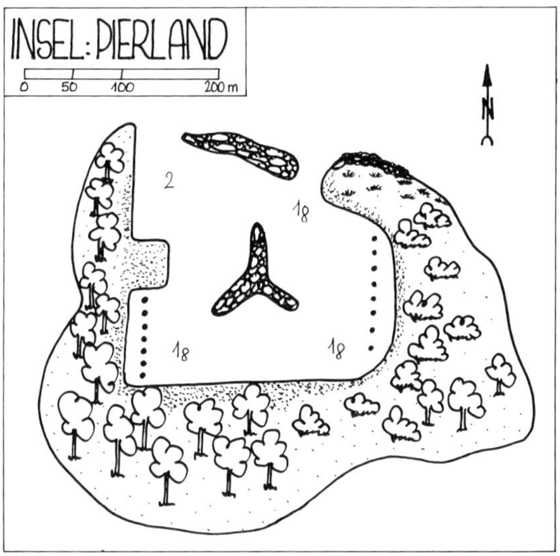

Flevostrand

Karte 1810.5

Das Fahrwasser zu diesem kleinen, aber sehr schön gelegenen Hafen ist, beginnend mit der Tonne VM 73/JHF 2, gut betonnt, und die Hafeneinfahrt ist befeuert (rot/fest und grün/fest).

Versorgung

Trailer-Slipbahn	Duschen/WC
Abfallbehälter	Kran
Trinkwasser	Telefon

Etwa 500 m nordöstlich liegt ein kleiner Hafen: Das „Wasserskizentrum Harder". Daran anschließend liegt zwischen dem Deich und dem Fahrwasser, bis zur Tonne 43, eine Wasserskibahn. Dieses Gebiet ist auf der Karte 1810.5 gelb markiert und darf nur von Wasserskibooten befahren werden.
Am südlichen Ende des Veluwemeeres, eben vor der Hardersluis, liegt an der Nordseite der

Harderhaven

Karte 1810.

Der Harderhaven ist für Yachten kaum geeignet. Das Anlegen ist nicht gestattet. Man kann nur auf 4 m Wassertiefe ankern. Die Einfahrt ist mit rot/fest und grün/fest befeuert.

Harderwijk

Karte 1810.4

Nördlich der Hardersluis führt ein betonntes Fahrwasser zum *Lorentzhaven* und zum Yachthafen *WS Harderwijk.* Die Einfahrt zum Lorentzhaven ist befeuert, die des Yachthafens ist nicht befeuert. Der Lorentzhaven ist ein Industriehafen mit einigen Liegeplätzen in der nordöstlichen Ecke. Es gibt jedoch keinerlei Versorgungsmöglichkeiten. Auch der Yachthafen WS Harderwijk ist nicht zu empfehlen.
Beide Häfen liegen überdies sehr weit von der Stadt entfernt.

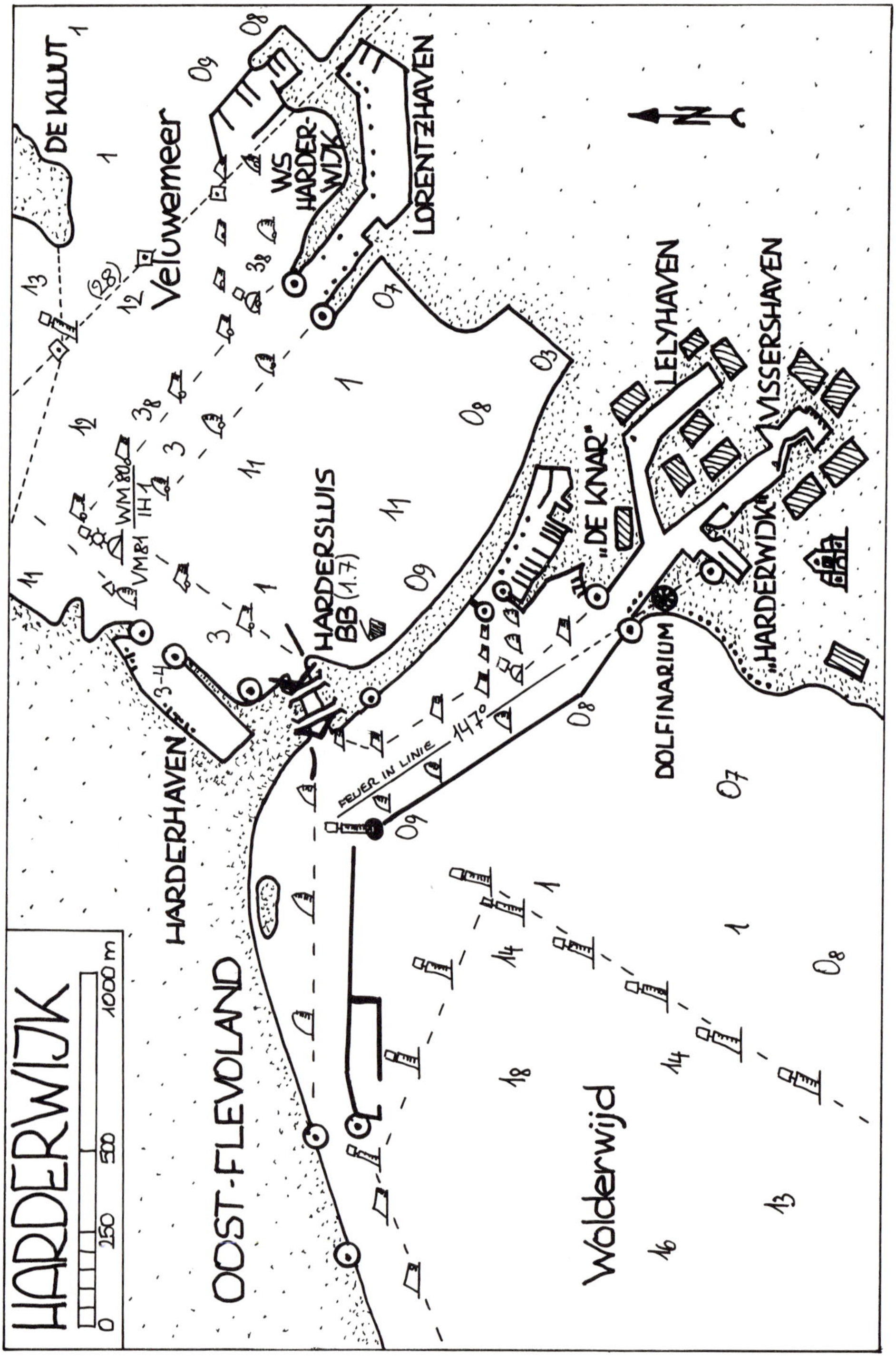
HARDERWIJK
0 250 500 1000 m
DE KLUUT
Veluwemeer
WS HARDERWIJK
LORENTZHAVEN
HARDERSLUIS
BB (1.7)
HARDERHAVEN
OOST-FLEVOLAND
"DE KNAR"
LELYHAVEN
VISSERSHAVEN
"HARDERWIJK"
DOLFINARIUM
VURER IN LINIE 147°
Wolderwijd
WM80
IH1
VM81

Versorgung

Abfallbehälter Duschen/WC
Kran Telefon
Trinkwasser
Die für Yachten besser geeigneten Häfen von Harderwijk liegen südlich der Hardersluis.

Hardersluis

Karte 1810.4

Die Hardersluis trennt das Veluwemeer von der „Wolderwijd". Über der Schleuse liegen zwei Hebebrücken. Die Schleuse wird bedient

Mo.–Fr. von 07.00–12.30 Uhr
Sa. von 08.00–12.30, 13.00–19.00 Uhr.

Vor der Schleuse darf man nicht im Fahrwasser auf das Einlaufen warten. Man muß anlegen. Zu beiden Seiten der Schleuse steht rechts von der Schleuse jeweils ein grünes unterbrochenes Licht. (Occ. 6 s).

Auf der Schleuse gibt es Trinkwasser, Abfallbehälter und eine Telefonzelle.

Unmittelbar südlich der Schleuse zweigt nach Südosten ein auf 2,8 m gebaggertes, sehr gut betonntes Fahrwasser ab, das zum Jachthaven Zegers und zum Visserhaven hinführt. Die nach W abzweigende Zufahrt endet im Lelyhaven, einem Handelshafen.

Das Hafenlicht an Steuerbord zeigt grün. An der Backbordseite steht ein rotes Funkelfeuer.

Bei der Tonne GH6-JHK1 zweigt ein betonntes, aber nicht befeuertes Fahrwasser ab, das zum Yachthafen „De Knar" führt. Die Einfahrt dieses Hafens ist rot/fest und grün/fest befeuert.

Harderwijk war Mitglied des Bundes der Hanse und erlebte in dieser Zeit seine wirtschaftliche Blüte. Es erhielt im Jahre 1231 die Stadtrechte und wurde bekannt durch seine Universität, die „Provinciale Academie". Harderwijks Attraktion ist das „Dolfinarium", eine Delphin- und Seehundschau, des-

Harderwijk: Hafenkanal zum Dolfinarium (rechts), Yachthafen und Visserhaven

sen runde Kuppel man einlaufend an Steuerbord, gleich hinter der Hafeneinfahrt sieht.

Häfen

Jachthaven „De Knar" (Zufahrt siehe oben) Tel. (03410) 2 32 71.
Jachthaven Zegers BV unmittelbar nach der Hafeneinfahrt an der Steuerbordseite, gleich hinter dem „Dolfinarium".
Tel. (03410) 1 35 86
Visserhaven, der alte Hafen der Stadt, mindestens 2 m tief, Anleger für Yachten gut geeignet.
Lelyhaven, ein Hafen, der für Yachten weniger geeignet ist.

Versorgung

Benzin/Diesel	Trailer-Slipbahn
Flaschengas	Yachtwerft
Motoren-Werkstatt	Duschen/WC
Waschmaschine	Segelmacher
Schiffsausrüster	
Entsorgung für chemische Toiletten	

Wolderwijd

Karte 1810.4

Südlich von Harderwijk beginnt die „Wolderwijd". Das ist schon ein recht ansehnlicher Binnensee, auf dem es sich gut segeln läßt. Mittendurch führt ein gut betonntes, 3 m tief gebaggertes Fahrwasser. Aber auch außerhalb des Fahrwassers gibt es reichlich Platz, zumal die Untiefen gut betonnt sind.
In der nordwestlichen Ecke der Wolderwijd liegt die Insel De Biezen.

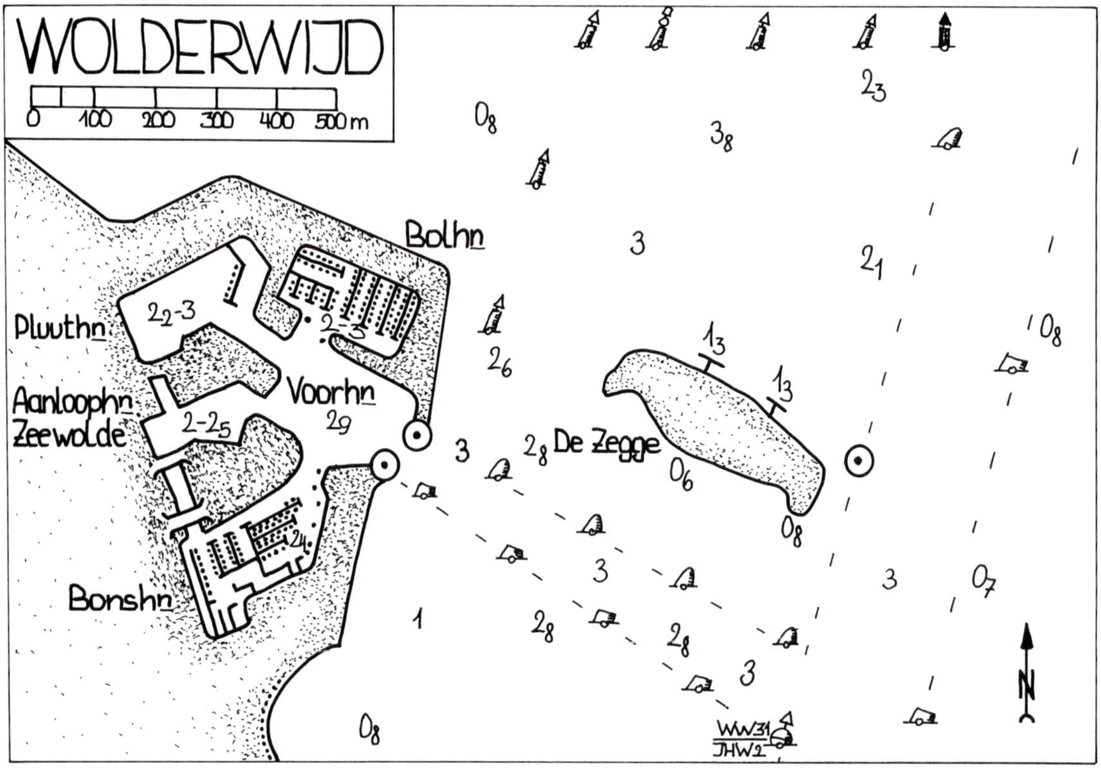

De Biezen Karte 1810.4

Dies ist ein hübsches kleines Atoll mit einer gegen Wind und Schwell geschützten Lagune, in der man auch gut ankern kann. Es gibt befestigte Ufer zum Anlegen, Sand für die Kinder und Windschutz durch dichte Bepflanzung mit Büschen und hohen Bäumen, jedoch keine Versorgungseinrichtungen. Liegegeld wird nicht erhoben.
Knapp 2,5 sm weiter südlich liegen die Häfen der Gemeinde Zeewolde, in der Karte bezeichnet mit Wolderwijd.

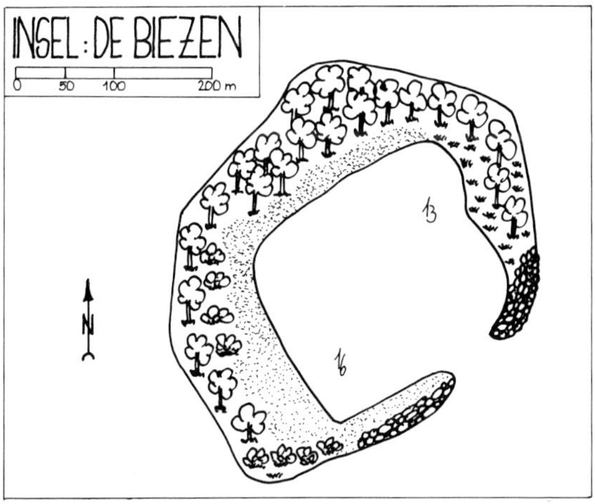

Wolderwijd-Hafen Karte 1810.4

Die Gemeinde Zeewolde hat keine besonderen Sehenswürdigkeiten aufzuweisen, da sie erst nach der Trockenlegung des Flevolandpolders entstand.

Ansteuerung

Von der Tonne WW 31 / IHW 2 führt ein betonntes, 2,8 m tief gebaggertes Fahrwasser zum Vorhafen, dessen Einfahrt mit je einer rot / weiß bzw. grün / weiß gestreiften Bake markiert ist. Auf diesen Baken sind auch die Hafenlichter (rot / fest bzw. grün / fest) angebracht.

Häfen

Vom Vorhafen zweigen vier weitere Hafenbecken ab:
Bonshaven
Gleich nach der Einfahrt an Backbord, 2,5 Meter tief. Dies ist der „Yachthaven Wolderwijd" mit Liegeplätzen bis zu 14 m Schiffs-

Zeewolde (Wolderwijd): Einfahrt zum Voorhaven

länge. Die Einrichtungen entsprechen einer modernen Marina.
Hafenmeister: Tel.: (03242) 12 20.
Anloophaven Zeewolde
Zweite Einfahrt an Backbord, 2,2 Meter tief. Das ist ein vollkommen kahler Hafen ohne jede Einrichtung für Yachten. Man darf dort tagsüber nur bis 19.00 Uhr liegen und muß dann in einen der anderen Häfen verholen.
Pluuthafen
Nördlich der Einfahrt, 2,2 Meter tief. Der Vereinshafen der WV Ark.
Bolhaven
Nach der Einfahrt an Steuerbord gelegen, der Vereinshaven der WV Zeewolde.
Hafenmeister: Tel. (0342) 15 83.

Versorgung

Benzin / Diesel	Trailer-Slipbahn
Flaschengas	WC / Duschen
Abfallbehälter	Travellift
Trinkwasser	Restaurant
Telefon	

Unmittelbar vor dem Hafen Wolderwijd liegt die Insel

De Zegge

Karte 1810.4

An der Nordostseite dieser Insel gibt es zwei Anleger für jeweils 4–5 Boote mit einem Tiefgang bis zu 1,3 m. Diese Anleger bieten nur gegen Südwesten Schutz, und es gibt keinerlei Versorgung.
Die kleine Hafenbucht an der Südostseite ist nur für kleine, flachgehende Boote bis 0,5 m Tiefgang geeignet.
Von der Wolderwijd führt ein schmales, auf 3 Meter Tiefe gebaggertes, sehr gut betonntes und befeuertes Fahrwasser durch die „Nuldernauw" nach Südwesten.
Bei der Tonne NN1 / JH2 zweigt ein betonntes Fahrwasser ab zum Yachthafen.

Recreatiecentrum Zeewolde

Karte 1810.4

Dicht beim Yachthafen steht ein Windgenerator, den man schon von weitem gut sehen kann.
Der Hafen liegt sehr schön im Grünen und hat eine Wassertiefe von 1,8–2,0 Meter. Die Hafeneinfahrt ist jedoch nicht befeuert!
Hafenmeister: Tel. (03242) 12 46.

Versorgung

Trailer-Slipbahn	WC / Duschen
Restaurant	Trinkwasser
Abfallbehälter	Benzin / Diesel
Yachtwerft	Telefon
Waschmaschine	
Entsorgung für Chemietoiletten	

Recreatiecentrum „Zeewolde"

Etwas weiter nach Südwesten, bei Tonne 13, gibt es einen Anlegeplatz am Westufer. Man liegt dort sehr schön, gegen Wind von Südwest bis Nordwest geschützt, kostenlos, jedoch ohne Versorgungsmöglichkeit.
In der Fahrwasserbiegung nach WSW, bei der Tonne NN 24 / JHN 1, liegt an der Südseite der Yachthafen Nulde.

Nulde

Karte 1810.4

Der Hafen kann nur von Yachten bis max. 12 m Länge angelaufen werden und hat Wassertiefen bis max. 1,7 Meter.

Vor dem Westhafendamm befindet sich eine Untiefe. Deshalb sollte der Hafen nur von Norden her angelaufen werden.

Versorgung

Flaschengas	Trailer-Slipbahn
Abfallbehälter	Duschen / WC
Trinkwasser	Bootslift bis 10 t
Telefon	Restaurant

Benzin / Diesel nur von der Landtankstelle
Entsorgung für chemische Toiletten
Motel Nulde (direkt neben dem Hafen)

Bei der Tonne 35 liegt am Nordufer der

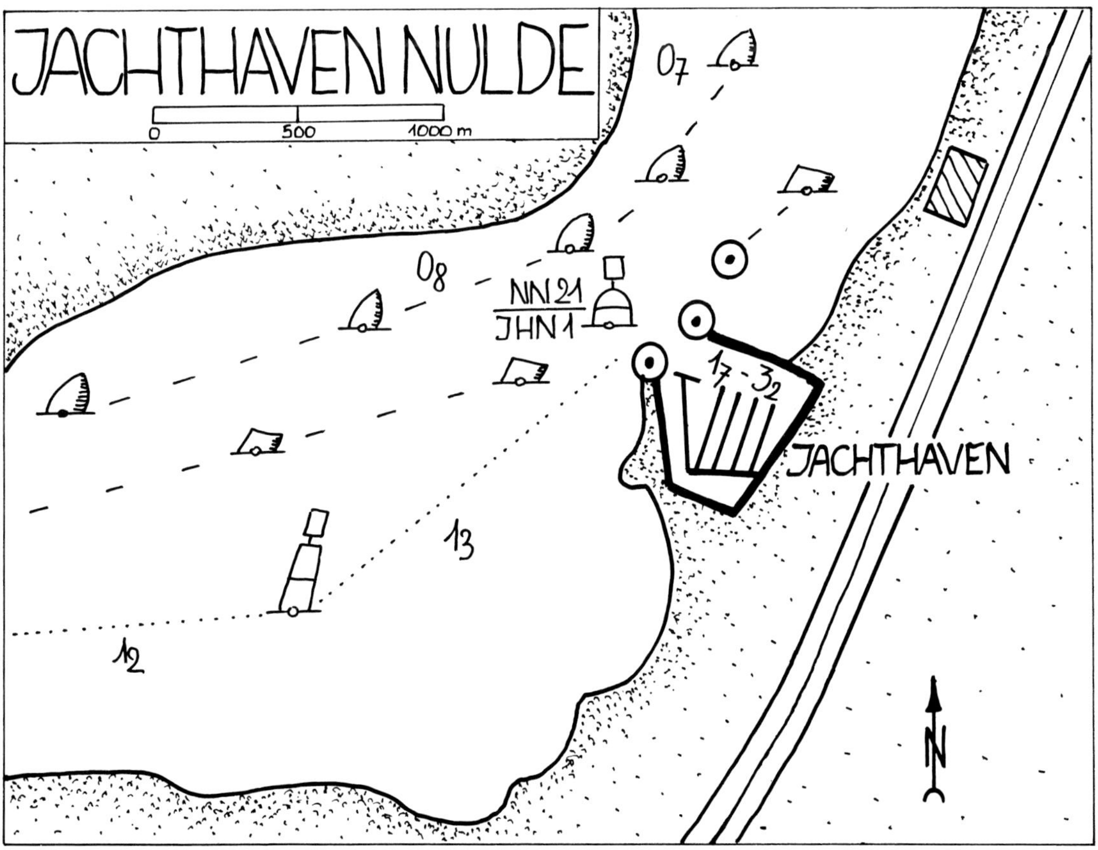

Visbotenhaven „De Kaar“

Karte 1810.4

Über der Einfahrt liegt eine feste Brücke mit einer Durchfahrtshöhe von nur 1,4 m!

Nijkerkersluis

Karte 1810.4

Hier ist die Grenze zwischen den südlichen und den nördlichen Randmeeren. Die Schiffsschleuse liegt an der Südseite, die Stromschleuse nördlich davon. Die Vorhäfen der Stromschleuse sind durch eine Reihe gelber Tonnen bezeichnet und dürfen nicht befahren werden. Über der Schleuse liegt eine Hebebrücke mit einer Durchfahrtshöhe von 7,40 m. Auf der Schleuse stehen Abfallbehälter.

Es ist nicht erlaubt, vor der Schleuse im Fahrwasser zu warten. Man muß vor der Schleuse anlegen. Das Einlaufen in die Schleuse wird vom Schleusenmeister so geregelt, daß die Brücke über der Schleuse nur kurz für Segelschiffe geöffnet werden muß – Motoryachten fahren unter der geschlossenen Brücke hindurch. Es geht also hier nicht „der Reihe nach“!

Die Schleuse wird bedient
Mo.--Sa. 7.00–12.30, 13.00–19.00 Uhr
So. 8.00–12.30, 13.30–19.00 Uhr.

An Sommerwochenenden muß mit Wartezeiten gerechnet werden.

Nijkerk

Karte 1810.4

Liegt nicht direkt an der Nijkernauw, sondern etwa 4 km weiter landeinwärts an der „Arkervaart“. Im alten Waaghaus hat man „het Nederlands Elektriciteitsmuseum“ eingerichtet, in dem u.a. alte Dampfmaschinen zu sehen sind. Öffnungszeiten:
Di.–Sa. 9.00–17.00 Uhr
So. 9.00–13.00 Uhr.

Der Außenhafen von Nijkerk liegt etwa 500 m westlich der Nijkerkersluis. Die Zu-

Schleuse Nijkerk / Ostseite

Nijkerk – Hafeneinfahrt

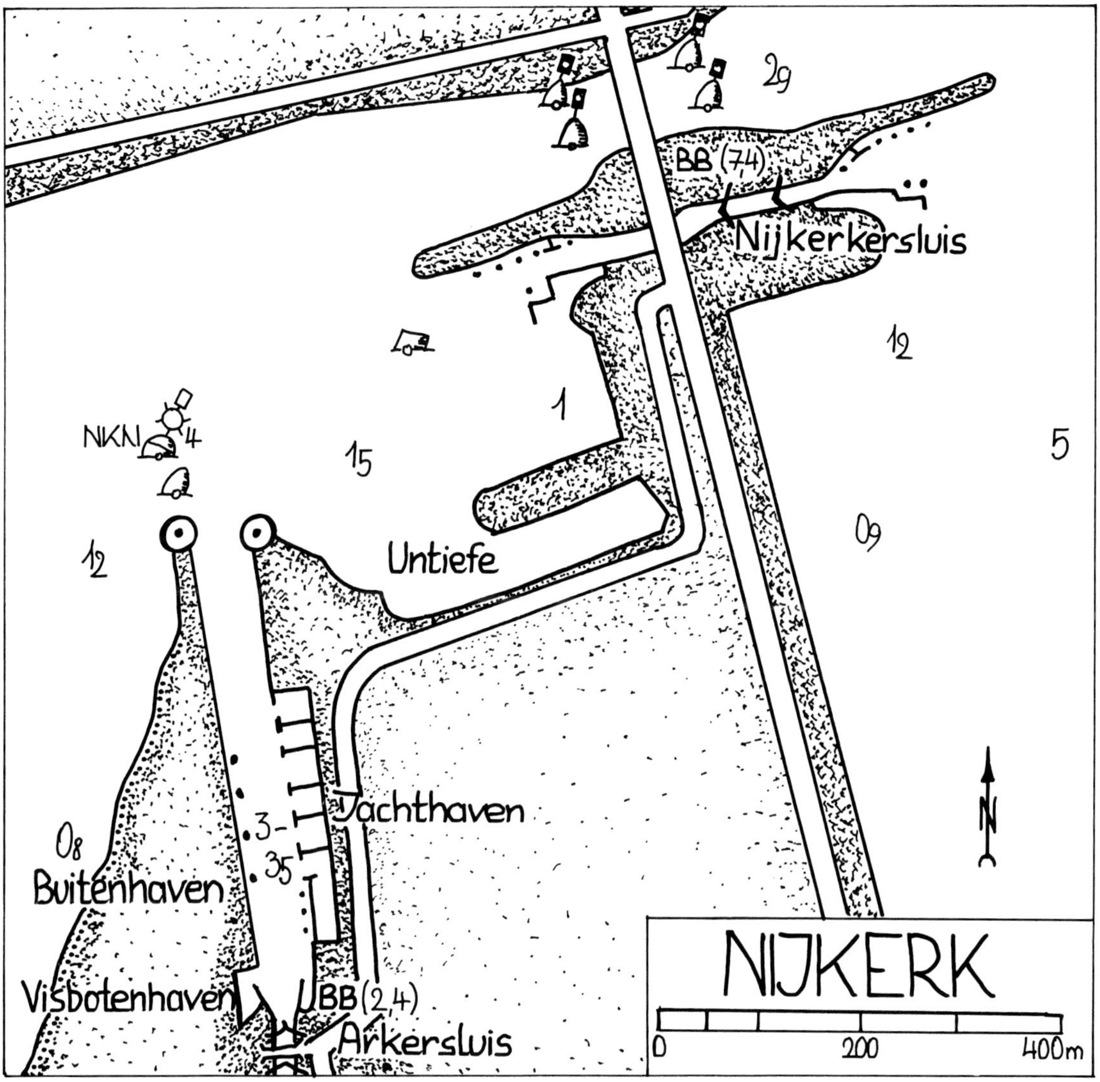

fahrt ist, ausgehend von der Tonne NKN 4/NK 1, einfach und übersichtlich. Die Hafeneinfahrt ist befeuert: rot/fest und grün/fest.
Durch die Arkersluis, unmittelbar am Hafen, kann man auf der „Akervaart" bis in das Städtchen Nijkerk fahren – sofern der Mast nicht höher als 7,4 m ist (feste Brücke). UKW-Kanal 12. Anruf: „Arkersluis".

Hafen
Im Buitenhaven liegt an der Ostseite der Yachthafen „De Zuidwal".

Versorgung
Duschen/WC, Trinkwasser, Waschmaschine, Abfallbehälter, Telefon, Diesel/Benzin, Kran bis 20 t, Slippen mit stehendem Mast (Hafenmeister), Trailer-Slipbahn

Hameland
Karte 1810.4

Anlegeplatz bei der Tonne NKN 3, etwa 1,2 sm westlich der Nijkerkersluis. Wassertiefe 1,5m – 2 m. Keine Versorgung.
Folgt man der Nijkernauw nach Westen, so erreicht man bei der Tonne NKN 25/JHE 2 den an der Nordseite gelegenen Yachthafen

Yachthaven „Eemhof“

Eemhof
Karte 1810.4

Der Hafen liegt dicht am Fahrwasser, sehr schön im Grünen. Die Hafeneinfahrt ist befeuert (rot/fest und grün/fest).
Hafenmeister: Tel. (03241) 521.
Freier Zugang zum Bungalowpark mit allen Einrichtungen.

Versorgung

Abfallbehälter	Duschen/WC
Trinkwasser	Slipbahn bis 20 t
Motor-Werkstatt	Waschmaschine
Diesel/Benzin	Telefon
Restaurant	

Entsorgung für chemische Toiletten.
Südlich und östlich des Yachthafens Eemhof, zwischen den Tonnen 16–20 und 22–26, befinden sich Wasserskibahnen. Diese sind auf der Karte gelb markiert und dürfen von anderen Sportfahrzeugen nicht befahren werden.

Spakenburg: Hafeneinfahrt

Spakenburg
Karte 1810.4

Die Spakenburger waren seit dem 14. Jahrhundert freie, aber arme Fischer. Auch heute gibt es immer noch viele Fischer in Spakenburg, die Aale fangen und am Hafen räuchern.
Das Dorf ist bekannt durch die alten Trachten, die auch heute noch getragen werden.

Ansteuerung

Von der Tonne NKN 32/S 1 führt eine auf 3 m Tiefe gebaggerte und betonnte Rinne in den Oude Haven und den Nieuwe Haven, die beide im Dorf liegen. Die Einfahrt ist befeu-

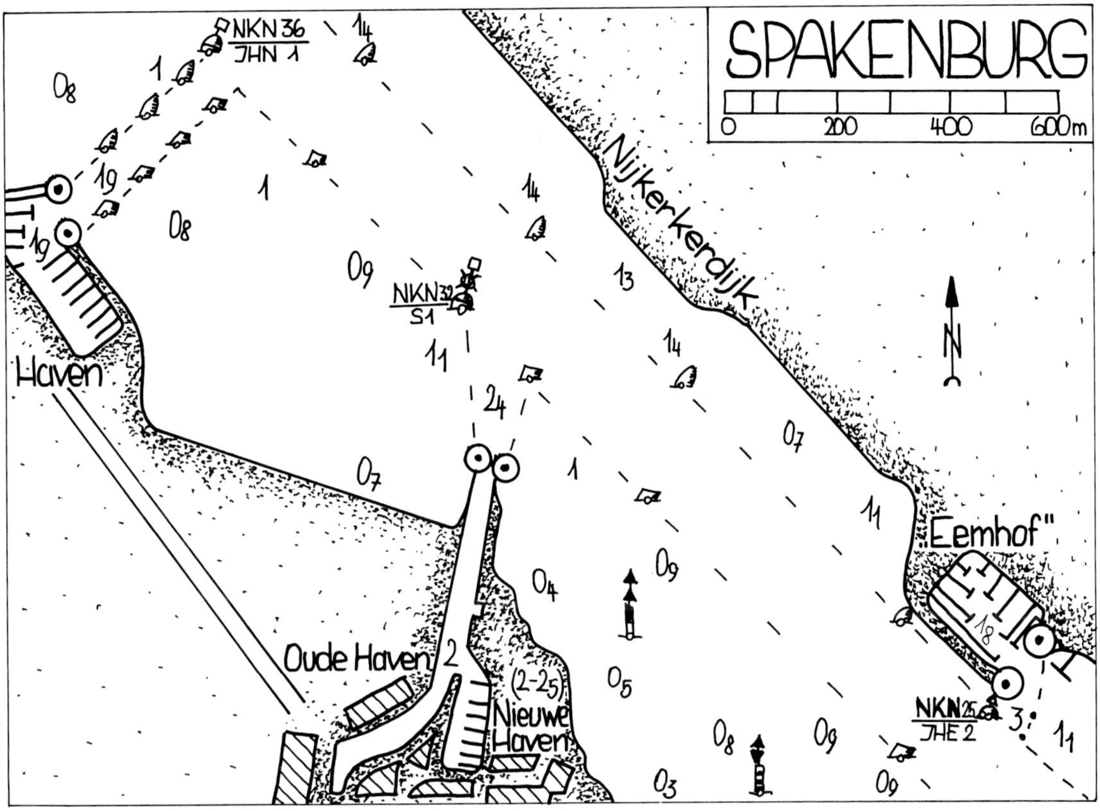

ert: Rot/fest und grün/fest. Bei der Tonne NKN 36/JHN 1 zweigt ein betonntes, 1,8 m tiefes Fahrwasser ab, zum Yachthafen Gebr. Nieuwboer. Er liegt etwa 750 m westlich von Spakenburg.
Liegeplätze gibt es im „Nieuwe Haven", im „Oude Haven" und im Yachthafen der Gebr. Nieuwboer sowie längs des Hafendammes.

Versorgung

Diesel/Benzin	Kräne bis 10 t
Trailer-Slipbahn	Duschen/WC
Abfallbehälter	Motor-Werkstatt
Waschmaschine	Trinkwasser
Telefon	Yachtausrüster
Flaschengas	

Nordwestlich von Spakenburg beginnt das

Eemmeer Karte 1810.4

Es ist 1700 ha groß und steht mit Ausnahme der Fahrrinne unter Naturschutz. Die 1,5 m-Linie ist durch rote Baken bezeichnet.

Dode Hond Karte 1810.4

Dies ist eine künstlich angelegte Insel und Naturschutzgebiet. An der Südostseite gibt es einen Anleger, der bis 1,6 m Tiefgang erreichbar ist. Das Betreten der Insel ist nur teilweise gestattet.

Eemmond

Karte 1810.4

Bei der Fahrwassertonne EM 14 / E 1 zweigt eine 2,5 m tief gebaggerte Rinne ab, die zur Mündung des Flüßchens Eem führt. Nach 1 sm erreicht man den Yachthafen „'t Raboes“. Man findet den Hafen am Westufer des Flüßchens. Er liegt etwas versteckt, aber durch hohe Bäume geschützt sehr schön im Grünen.

Das Fahrwasser ist betonnt, und bei Nacht helfen 2 Feuer in Linie (unterbrochen, weiß, 5 s) mit rw 199,5 ° in die Mündung der Eem. An der Einfahrt in die Eem stehen Hafenlichter (rot / fest und grün / fest) sowie ein Nautofoon (Nebelschallsender mit der Kennung: Sirene, alle 20 s 7 s hoher Ton, dann 13 s abnehmend).

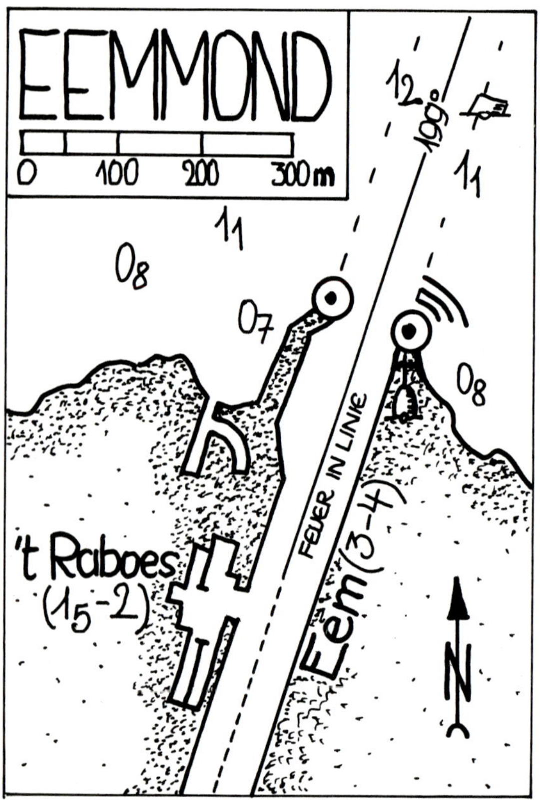

Versorgung

Duschen / WC	Bootslift bis 10 t
Kran	Trailer-Slipbahn
Flaschengas	Trinkwasser
Abfallbehälter	Telefon

Eemmond: Yachthaven 't Raboes

Stichtse Brug

Karte 1810.4

Die „Stichtse Brug“ trennt das Eemmeer vom Goimeer und verbindet das Festland mit dem südlichen Flevolandpolder. Sie hat zu beiden Seiten lange und hohe Rampen, die oft den Wind ablenken, so daß er für Segler unberechenbar wird. Deshalb sollte beim Durchsegeln der Brücke der Hilfsmotor betriebsklar sein.

Die Brücke ist nicht beweglich und hat eine

maximale Durchfahrtshöhe von 12,9 m (IJZP), die jedoch durch Windeinfluß geringer sein kann. Deshalb vor der Durchfahrt unbedingt den Brückenpegel peilen!

Gooimeer

Karte 1810.4

Das 2800 ha große Gooimeer wird im Osten durch die „Stichtse Brug“ und im Westen durch die „Hollandse Brug“ begrenzt. Im Norden ist es so tief, daß man bis dicht an den Deich heranfahren kann.
Im Süden ist die 1,5 m-Linie durch rote Baken markiert. Die Wasserflächen südlich der Baken sind Naturschutzgebiet und dürfen nicht befahren werden. Das Fahrwasser zwischen der Stichtse Brug und der Hollandse Brug ist 3 m tief gebaggert, sehr gut betonnt und befeuert, so daß auch die Nachtfahrt möglich ist.
0,8 sm westlich der Stichse Brug liegt die kleine Insel „'t Hoorntje“, die jedoch sehr flach ist und derzeit kaum Windschutz bietet. Die Wassertiefe beträgt 1,3 m. Es gibt keinerlei Einrichtungen.

Huizen

Karte 1810.4

Vom ehemaligen Fischerdorf Huizen an der Zuiderzee ist leider nicht mehr viel aus der Vergangenheit übrig geblieben.
Es ist heute eine moderne, großzügig gebaute Stadt ohne besondere Sehenswürdigkeiten.

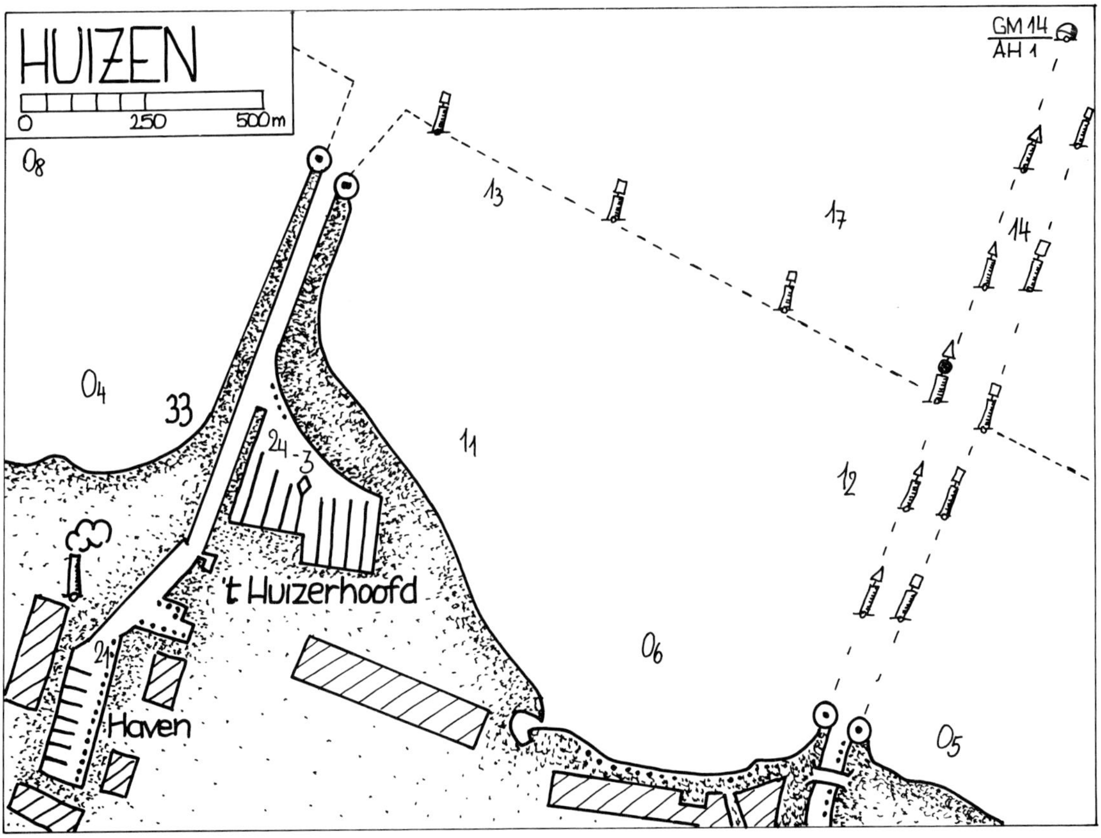

Ansteuerung

Vom Fahrwasser des Goimeeres zweigt bei der Leuchttonne 20 eine betonnte und 1,9 m tiefe Fahrrinne ab, die durch die mit Hafenlichtern (rot/fest und grün/fest) befeuerte Einfahrt geradeaus bis in den Gemeindeyachthafen führt.
0,6 sm nach der Einfahrt liegt an Backbord der Yachthafen „'t Huizerhoofd", ein moderner, aber etwas steril wirkender Hafen. Er wird jedoch sehr gut geführt und bietet alle notwendigen Einrichtungen.
Eine weitere Hafeneinfahrt erreicht man von der Tonne GM 14/AH 1 durch eine 2 m tiefe und betonnte Rinne. Auch diese Einfahrt ist mit je einem festen roten und grünen Licht befeuert.
Durch eine bewegliche Brücke gelangt man in den Hafenkanal und zum „Aanloophaven".
Nach der beweglichen Brücke folgen drei feste Brücken mit einer Durchfahrtshöhe von nur 3 m.

Versorgung

Duschen/WC	Trailer-Slipbahn
Yachtwerft	Benzin/Diesel
Flaschengas	Kran bis 2 t
Waschmaschine	Trinkwasser
Segelmacher	Schiffsausrüster
Motor-Werkstatt	Abfallbehälter

Bootslift bis 30 t mit stehendem Mast
Entsorgung für Chemietoiletten im Gemeinde-Yachthafen beim Hafenmeisterbüro.

Almere-Haven

Karte 1810.4

Mit dem Bau von Almere-Haven wurde erst 1973 begonnen. Es ist also eine junge und moderne, aber nach alten Vorbildern ganz aus braunen Backsteinen gebaute Stadt. Dicht beim Hafen gibt es ein hübsches, gemütliches Einkaufszentrum.

Huizen: Einfahrt zum Gemeindehafen und zur Marina 't Huizerhoofd

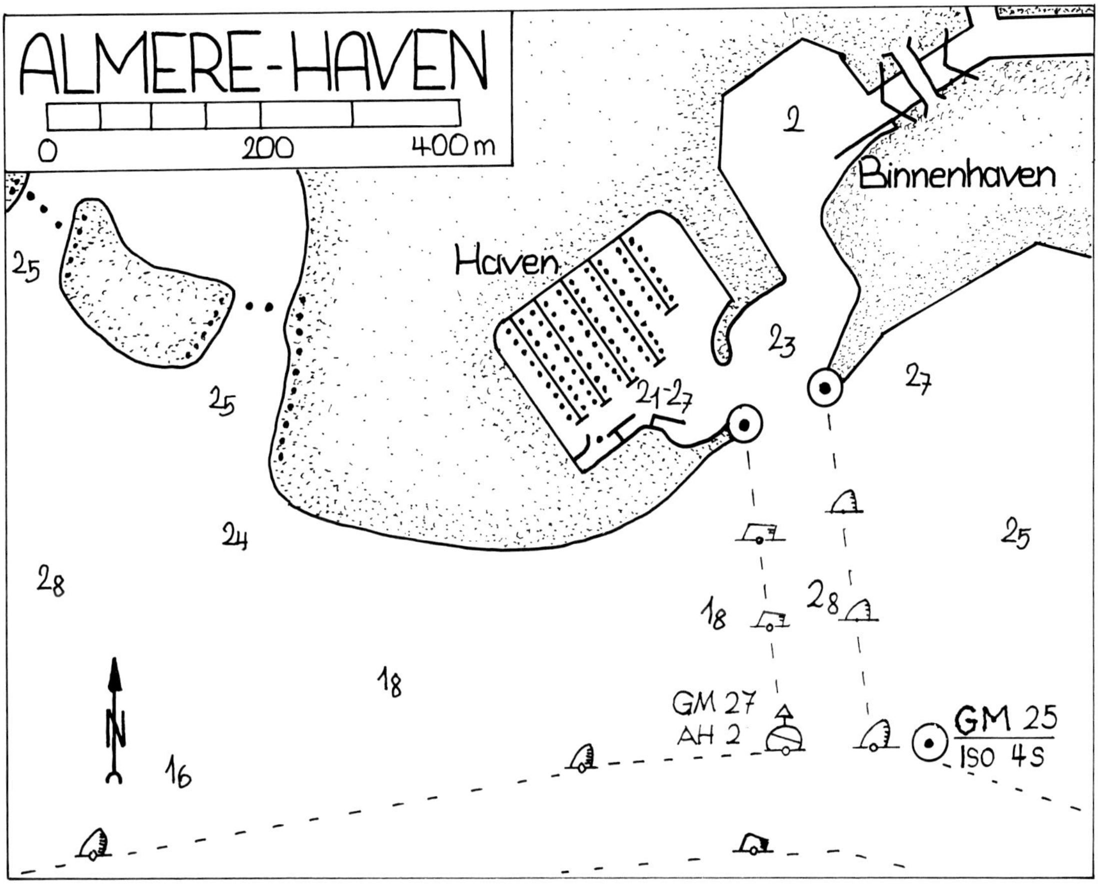

Ansteuerung

Die Silhouette von Almere-Haven ist unverwechselbar. Das Fahrwasser zum Hafen zweigt 150 m westlich des Leuchtfeuers GM 25 nach Norden ab und ist 2,8 m tief. Die Hafeneinfahrt ist befeuert (rot/fest und grün/fest).

Almere – Haven

Häfen

Unmittelbar nach der Einfahrt liegen an Backbord der Yachthafen und an Steuerbord ein großes Hafenbecken. Auch hinter der Schleuse befinden sich Liegeplätze, die jedoch wegen der festen Brücke nur für Schiffe bis ca. 8 m Höhe zugänglich sind.

Versorgung

Duschen / WC	Waschmaschine
Trailer-Slipbahn	Kran bis 3 t
Motor-Werkstatt	Flaschengas
Yachtwerft	Segelmacher
Diesel/Benzin	
Entsorgung für Chemietoiletten	

Naarden

Karte 1810.4

Die Festung Naarden ist in den Jahren 1675–1685 erbaut und nach dem Zweiten Weltkrieg weitgehend restauriert worden. Die sternförmigen Befestigungsanlagen und die historischen Gebäude innerhalb der Mauern sind wieder aufgebaut worden.
Sehenswert sind vor allem die um 1500 erbaute „Grote Kerk", eine spätgotische Basilika, das Raadhuis und das Vestingmuseum in den Kasematten der Bastion Turfpoort. (Geöffnet Mo–Fr. von 10.00–16.00 Uhr, Sa. u. So. von 12.00–17.00 Uhr).

Ansteuerung

Vom Fahrwasser des Gooimeeres zweigt bei

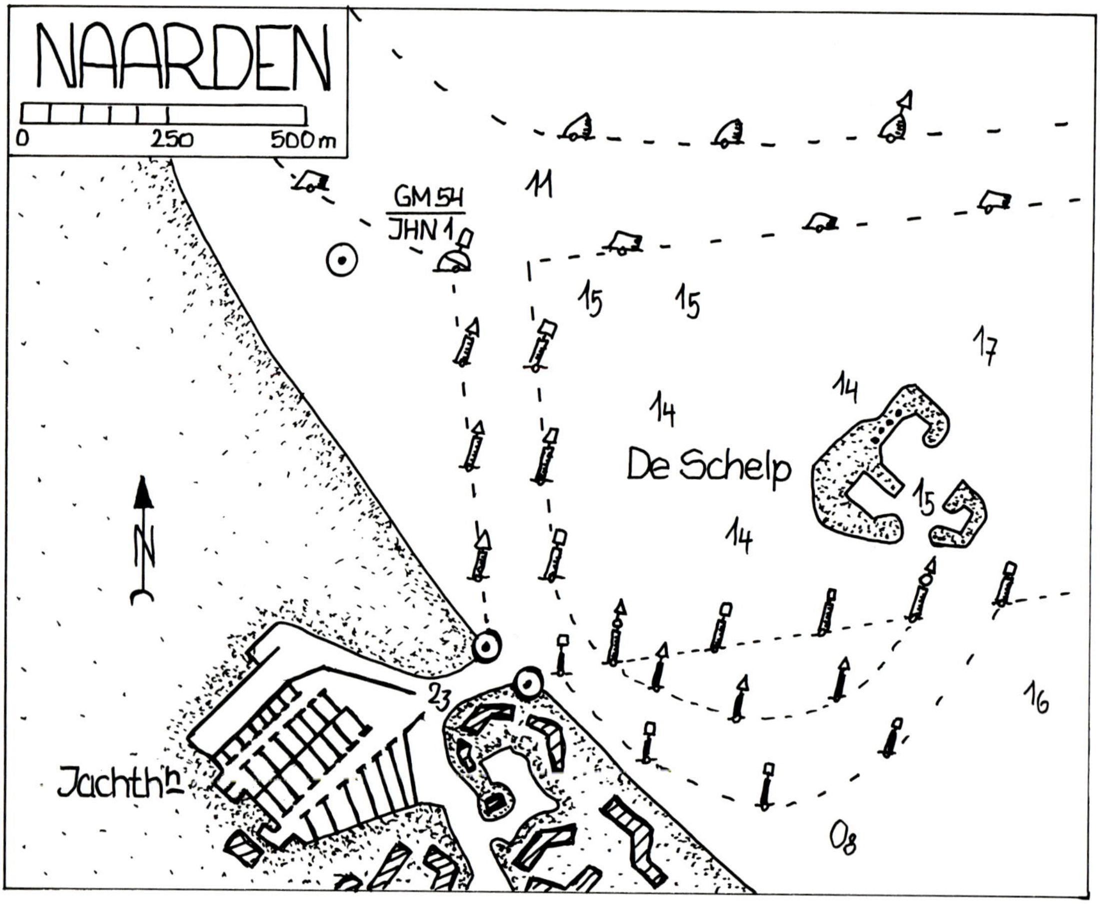

der Tonne GM 54/JHN ein betonntes, jedoch nicht befeuertes Fahrwasser ab. Es führt zur Einfahrt des Gemeinde-Jachthaven und zu den Inseln De Schelp.
Die Hafeneinfahrt ist befeuert (rot/fest und grün/fest) und liegt etwas versteckt, so daß sie erst auf kurze Entfernung zu sehen ist. Der Hafen ist recht groß, 2,3–3 m tief und sehr gut eingerichtet.

Versorgung

Duschen/WC	Flaschengas
Trailer-Slipbahn	Bootslift bis 16 t
Waschmaschine	Motor-Werkstatt
Diesel/Benzin	Zeltplätze

Entsorgung für Chemietoiletten

„De Schelp“ — Karte 1810.4

Dies sind zwei kleine Inseln gegenüber der Hafeneinfahrt von Naarden. Sie sind bis 1,5 m Tiefgang erreichbar und bieten sehr schöne und geschützte Anlege- und Ankerplätze, jedoch keine weiteren Einrichtungen.

Hollandse Brug — Karte 1810.4

Die Hollandse Brug trennt das Gooimeer vom Ijmeer, dem südlichsten Teil des Ijsselmeeres, und verbindet das Festland mit dem südlichen Flevolandpolder. Diese Brücke kann

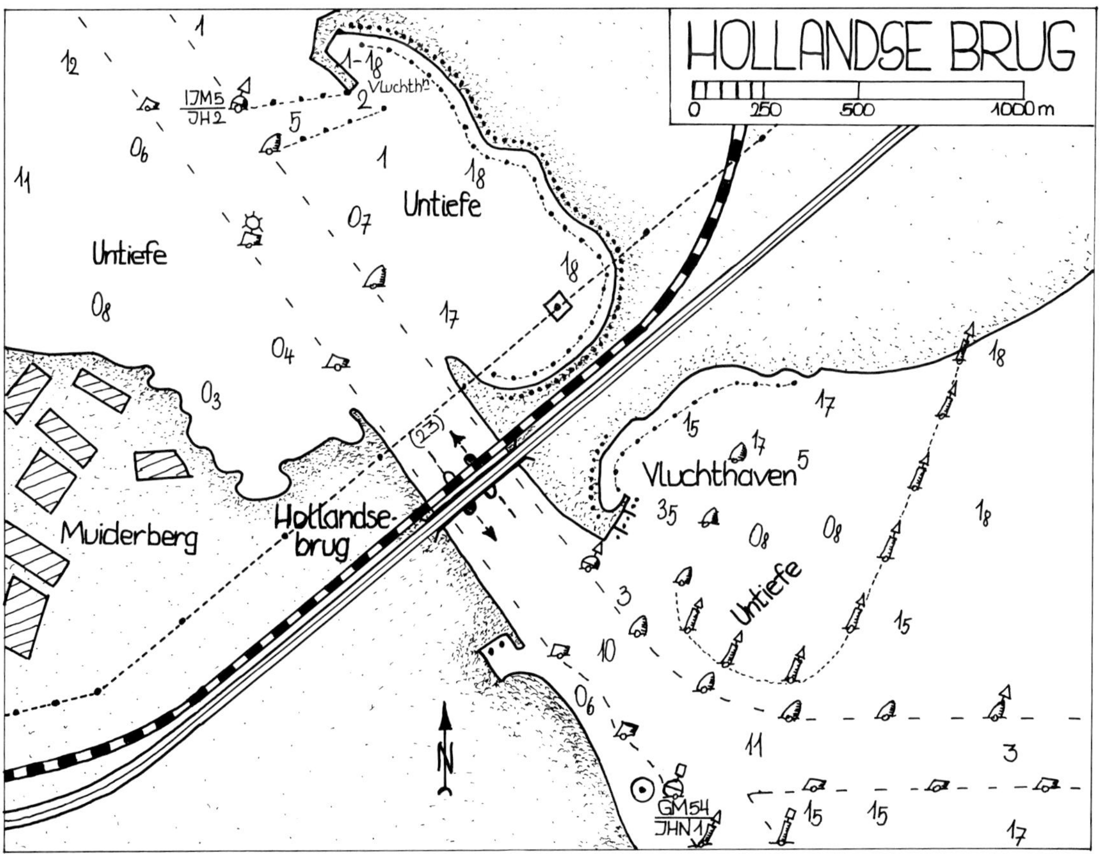

nicht geöffnet werden und hat eine Durchfahrtshöhe von 12,9 m (IJZP), die sich aber durch Windeinflüsse verringern kann. Deshalb sollten in jedem Falle die sehr gut sichtbaren Brückenpegel gepeilt und auch die Wellenhöhe beachtet werden!

Hollandse Brug: Feste Brücke mit einer theoretischen Durchfahrtshöhe von 12,9 m

Register